Vie Du Comte De Forbin, Chef D'escadre Des Arm#es Navales De France Par Adrien Richer

Adrien Richer

1F 853/1517

VIES
DES PLUS CÉLEBRES
MARINS.

On trouve aussi chez BELIN,

Les Vies de Jean-Bart ;

—— de Barberousse,

—— du Maréchal de Tourville,

—— d'André Doria,

—— de Michel de Ruiter,

—— du grand du Quesne,

—— de du Guay-Trouin,

—— de Tromp,

par le même Auteur.

Dessiné et — Gravé par Pierron.

LE COMTE DE FORBIN.

VIE
DU COMTE
DE FORBIN,
CHEF D'ESCADRE DES ARMÉES NAVALES DE FRANCE.

Par M. RICHER, *Auteur de plusieurs Ouvrages de Littérature.*

Prix 1 l. 10 f. broché.

A PARIS,

Chez BELIN, Libraire, rue Saint-Jacques, près Saint-Ives.

M. DCC. LXXXV.

Avec Approbation & Privilege du Roi.

BIBLIOTHÈQUE S. J.
Les Fontaines
60 - CHANTILLY

AVERTISSEMENT.

POUR donner la vie du Comte de Forbin, nous avons eu recours à ses Mémoires ; mais son ton avantageux, qui présente dans ses récits, tantôt les exagérations d'une vanité exaltée, & tantôt les injustices d'une forte jalousie, nous a fait une loi d'une sage défiance. Nous avons cru devoir juger M. de Forbin d'après le suffrage de ses pairs ; & nous avons regretté plus d'une fois de voir la gloire du brave & du grand Officier de mer affoiblie par les petiteſſes de l'homme. Selon lui, Jean-Bart étoit un homme ſans talens, qui oublioit ſon devoir pour s'enſevelir dans la débauche, & ſon nom ne faiſoit du bruit dans le monde, qu'à cauſe de la ſingularité, même de la groſſiereté de ſon caractere; du Guay-Trouin étoit un homme fougueux, qui n'écoutoit point la prudence, & qui ſuivoit à peine les regles de la Marine. Nous avons conſulté les Mémoires du tems, ceux de du Guay-Trouin & ceux de M. Bart, mort Vice-Amiral. Ces derniers n'ont pas été imprimés, mais le manuſcrit nous a été communiqué par M. Bart, fils du Vice-Amiral, & petit-fils de Jean-Bart. Il eſt mort depuis peu. Dans tous ces Ouvrages, on fait l'éloge de la valeur & de la capacité de M. le Comte de Forbin, mais on lui reproche des fautes.

On voit, par ſes Mémoires mêmes, qu'il avoit le caractere d'une roideur inſupportable. M. de Pontchartrain, qui étoit un Miniſtre judicieux & éclairé, avoit de l'éloignement pour lui, & ne chercha jamais à l'avancer. M. de Forbin assure qu'il força la Cour à lui donner carte-blanche dans une occasion, & avoue que le Ministre lui dit avec dépit ; *M. de Turenne & le Comte de Forbin sont les seuls qui aient eu carte-blanche en France.*

M. de Forbin avoit la réputation d'être un peu intéressé, & de grossir toujours sa part dans les prises. M. Bart, petit-fils de Jean-Bart, a raconté à l'Auteur, que son aïeul & le Comte de Forbin étant en croisiere ensemble, prirent un vaisseau Anglois, dans lequel ils trouverent plusieurs caisses remplies de bouchons; mais qu'il y en avoit une qui contenoit une tapisserie en or & argent, que le Roi d'Angleterre envoyoit au Czar, suivant le rapport des Anglois. Le Comte pria Jean-Bart de la lui céder. Jean-Bart, qui étoit absolument désintéressé, lui dit de la garder, puisqu'elle lui faisoit plaisir. Ce sont des défauts dans la vie du Comte de Forbin : mais ils sont rachetés par de grands talens. Ses deux campagnes dans le golfe Adriatique lui firent beaucoup d'honneur. Il affama l'armée de l'Empereur qui étoit en Italie ; tint les Vénitiens en respect. Il montra tant de fermeté, de courage & de hardiesse en même-tems, que son nom devint un épouvantail dans toute l'Italie. Il est certain que ses actions l'auroient conduit aux premieres dignités de la Marine, s'il avoit eu le caractere plus souple. Le conseil qu'il donne dans ses Mémoires est une preuve qu'il le sentit, lorsqu'il fut retiré du service. Voici comme il s'exprime : » que ceux qui voudront, à

» l'avenir, faire leur chemin » dans le ſervice, s'attachent » inviolablement à ces deux » maximes. Premierement, de » ne ſe mêler jamais que de » ce qui eſt de leur emploi, » &, en ſecond lieu d'obéir » aveuglément aux ordres qu'ils » ont reçus, quelqu'oppoſés » qu'ils paroiſſent à leur ſens » particulier, puiſqu'on doit » toujours ſuppoſer que les » Miniſtres ont des vues ſupé- » rieures qu'il n'eſt jamais per- » mis d'approfondir ».

On trouve le portrait de M. de Forbin au commencement de ſa Vie. Il eſt d'après un qui fut fait ſur l'original même.

VIE
DU COMTE
DE FORBIN,
CHEF D'ESCADRE,
SOUS LOUIS XIV.

La Maison de Forbin est une des plus anciennes & des plus illustres de la Provence. Elle a produit de grands hommes dans l'église, dans l'épée & dans la robe. Claude de Forbin, comte de Janson, dont nous écrivons la vie, naquit le 6 Août 1656, au village de

A

Gardanne en Provence. Dès ſa jeuneſſe, il fit connoître que la nature lui avoit donné un caractere violent & emporté : il avoit des querelles continuelles avec ſes camarades ; maltraitoit ceux qui ne lui cédoient pas. En vain on le grondoit, on le châtioit ; la dureté avec laquelle on étoit obligé de le traiter, irritoit encore ſon caractere. Il l'avoue lui-même dans ſes Mémoires. Un jour que ſon pere l'avoit enfermé dans une chambre pour le punir de quelque faute, il ſe mit à crier de toutes ſes forces, à donner des coups de pied contre la porte ; s'arracha les cheveux ; ſe coigna la tête contre les murs. Lorſqu'on ouvrit la porte, on le trouva tout couvert de ſang : ſa tête étoit preſque ſans cheveux, & remplie de contuſions. La tendreſſe arrêta la colere du pere ; il alla jusqu'à se reprocher sa sévérité qui étoit cause du mal que son fils s'étoit fait à lui-même. Claude de Forbin étoit le dernier enfant d'une famille nombreuse, &, ce qui est assez ordinaire, son pere & sa mere avoient pour lui plus d'amitié que pour les autres. D'ailleurs, sa vivacité, jointe à son courage, ne déplaisoient pas à son pere; il les regardoit comme un présage qui annonçoit que son fils joueroit un grand rôle dans le monde. Il avoit le projet de lui faire apprendre tout ce qui est nécessaire pour entrer dans la carriere militaire à laquelle il le destinoit : mais une mort prématurée l'empêcha de remplir les projets qu'il avoit formés sur son fils. Sa veuve ne suivit pas les idées de son mari. Elle voulut que son fils continuât ses études. Le jeune Forbin étoit trop bouillant pour vivre dans la tranquillité que les études demandent : il desiroit, avec ardeur, d'être arrivé à l'âge où l'on peut entrer au service : son courage & son intrépidité l'y appelloient : rien n'étoit capable de l'effrayer. Dès l'âge de dix ans, il en donna une preuve convaincante. Un jour il rencontra un chien enragé qui effrayoit tout le canton. Ce chien avança sur lui la gueule écumante : le jeune de Forbin lui présenta son chapeau, & le lui abandonna. Pendant que le chien étoit occupé à le déchirer, Forbin saisit l'animal par une jambe de derriere, l'éventra avec son couteau, en présence d'une multitude de personnes qui étoient accourues pour le secourir.

Les éloges qu'on fit dans tout le pays de sa fermeté & de son intrépidité lui donnerent une si haute idée de lui-même, qu'il se persuada que toute occupation, excepté celle des armes, étoit au-dessous de lui. Il dit un jour à sa mere qu'il avoit un penchant naturel pour le service du Roi, & la pria de lui donner sa légitime, afin qu'il pût contenter son desir. Sa mere rejetta sa demande avec mépris. Il alla trouver son frere aîné qui étoit établi sur une terre située à quelques lieues de Gardanne (1). Voyant qu'il n'en recevoit pas plus de satisfaction, il lui enleva quelques piéces d'argenterie, & se sauva à Marseille, dans l'idée de s'engager en qualité de simple soldat. L'Orfevre auquel il s'adressa pour vendre la vaisselle qu'il avoit prise à son frere, reconnut les armes

(1) Voyez ses Mémoires.

de Forbin qui étoient dessus : il en avertit le Magistrat qui fit arrêter le jeune Forbin, & reconduire à sa mere: elle le mit en pension chez un Prêtre du voisinage. Un jour que ce Prêtre, qui étoit fort sévere, voulut le punir pour une faute assez légere, le jeune homme, indigné de l'injuste sévérité que ce maître d'école vouloit exercer contre lui, prit son écritoire, la lui jetta à la tête; cédant à sa vivacité naturelle, il se précipita d'une terrasse qui avoit plus de dix pieds de haut; tomba sur un tas de fumier, & eut le bonheur de ne se faire aucun mal. Craignant les reproches de sa mere, & voulant, en même-tems, se dérober à la contrainte dans laquelle elle le retenoit, il se rendit encore à Marseille; alla trouver le Commandeur de Forbin-Gardanne, son oncle, qui commandoit alors une galere. Cet oncle le reçut avec accueil, le fit habiller en cadet, le prit sur son bord, & le désigna sous le nom de *Chevalier de Forbin.*

Sa vivacité naturelle lui causa plusieurs affaires; mais il s'en tira avec honneur, & le Maréchal de Vivonne, qui commandoit les galeres, excusa son imprudence en faveur de sa jeunesse & de son courage : il le fit garde de l'étendart, & le Chevalier de Forbin servit en cette qualité pendant plusieurs campagnes.

En 1675, Louis XIV donna au Maréchal de Vivonne le commandement de l'armée que Sa Majesté se proposoit d'envoyer au secours des Messinois qui s'étoient révoltés contre l'Espagne. Le Maréchal conduisit la compagnie des Gardes de la Marine à Toulon, où elle ſéjourna quelque tems pour y attendre que les préparatifs fuſſent faits. Le jeune de Forbin y eut pluſieurs démêlés avec ſes camarades, & s'en tira encore avec avantage.

Lorſque l'expédition de Meſſine fut achevée, on réforma les Cadets de l'Etendart; le Chevalier de Forbin écrivit au Bailli de Forbin, ſon parent, qui commandoit une compagnie des Mouſquetaires; le pria de l'y recevoir. Le Bailli lui accorda ſa demande; mais Forbin ne reſta pas long-tems dans les Mouſquetaires: il ſe remit dans la Marine, fut nommé Enſeigne de vaiſſeau au département de Breſt. N'ayant pas de quoi faire ſon équipage, il alla trouver ſes parens; & en ayant obtenu ce qui lui étoit néceſſaire, il ſe rendit à Toulon pour voir un de ſes freres & un oncle qui y étoient établis. Peu de tems après qu'il y fut arrivé, il rencontra le Chevalier de Gourdon avec lequel il avoit eu une querelle l'année précédente. Ils mirent l'épée à la main, & le Chevalier de Forbin tua ſon adverſaire. Il fut condamné au Parlement d'Aix à avoir la tête tranchée ; mais il obtint des lettres de grace qui furent entérinées au même Parlement. On le rétablit dans la place d'Enſeigne de la Marine au département de Toulon ; mais ſes parens, pour des raiſons particulieres, le firent paſſer à Breſt, où il reſta environ deux ans, au bout deſquels on l'envoya à Rochefort. En 1680, il s'embarqua ſur une eſcadre que commandoit le Comte d'Eſtrées, Vice-Amiral, & fit avec lui un voyage aux îles de l'Amérique. Lorſqu'il fut de retour en France, il eut ordre de passer au département de Toulon; s'embarqua sur la flotte que commandoit M. du Quesne, & qui étoit destinée pour aller bombarder Alger. Voyez les détails de ce siege dans la vie du Marquis du Quesne. Nous dirons seulement ici que le Comte de Forbin y donna de grandes preuves de courage, même d'intrépidité. Lorsque cette expédition fut achevée, il alla à la Cour : le Roi le fit Lieutenant de vaisseau, & lui donna ordre de se rendre à Rochefort, d'y armer promptement une frégate pour conduire le Marquis de Torcy que Sa Majesté avoit chargé d'aller complimenter Dom Pedro sur son avénement au trône de Portugal. Avant son départ, les Fermiers du tabac lui proposerent de leur apporter du tabac du Brésil, avec promesse de l'acheter sur le pied de vingt sols la livre. Lorsqu'il fut arrivé à Lisbonne, il en acheta une assez grande quantité, le mit sur le *Traversier*, espece de petit bâtiment qui ressemble assez à une tartane, & qui accompagnoit la frégate pour les besoins de l'équipage : mais, en revenant en France, le *Traversier* fut séparé de la frégate par un coup de vent, & un corsaire Biscayen le prit. Ainsi le Chevalier de Forbin vit échouer les espérances qu'il avoit conçues. Son oncle, qui commandoit la Marine à Rochefort, lui conseilla d'aller en Provence pour arranger ses affaires avec sa famille. Lorsqu'elles furent terminées, il se hâta d'aller à la Cour pour y solliciter de l'emploi. Il y trouva deux Mandarins Siamois qui étoient accompagnés de M. le Vacher, Prêtre des Missions établies à Siam. Ces Mandarins dirent, en arrivant à la Cour, qu'ils avoient été envoyés par les Ministres de Sa Majesté Siamoise pour savoir des nouvelles d'une ambassade que le Roi leur maître avoit envoyée à la Cour de France ; qu'ayant appris que le vaisseau qui portoit les Ambassadeurs & les présens du Roi de Siam avoit fait naufrage, ils avoient continué leur route jusqu'en France, selon les ordres qu'ils en avoient reçus.

Dans les différens entretiens qu'ils eurent avec les Ministres de la Cour de France, ils firent entendre que le Roi leur maître protégeoit depuis longtems les Chrétiens qui étoient établis dans ses Etats; qu'il les entendoit avec plaisir parler de leur religion ; qu'il n'étoit pas éloigné lui-même de l'embrasser ; qu'il avoit donné ordre à ses Ambassadeurs d'en parler au Roi de France. Ils ajouterent enfin que leur maître se feroit infailliblement chrétien, si Sa Majesté très-Chrétienne le lui proposoit par une ambassade.

Louis XIV, flatté des avances qu'un Monarque si éloigné lui faisoit, & excité par son zèle pour la religion, résolut d'envoyer une ambassade à Siam. Il nomma pour son Ambassadeur à cette Cour M. le Chevalier de Chaumont, Capitaine de vaisseau, dont les talens & la piété lui étoient connus. Comme il pouvoit arriver que M. le Chevalier de Chaumont mourût dans un si long & si pénible voyage, le Roi nomma M. l'Abbé de Choisy pour le remplacer en cas que cet accident arrivât, & lui donna la qualité d'Ambassadeur ordinaire, avec ordre de faire un long séjour à Siam, si la nécessité l'exigeoit.

M. le Chevalier de Chaumont, voulant donner au Roi de Siam une haute idée de la Cour de France, fit choix d'un certain nombre de Gentils-hommes pour l'accompagner & lui servir de cortege. Il proposa au Chevalier de Forbin d'être du nombre. Le Chevalier lui répondit qu'il ne pouvoit s'engager à aller, pour ainsi dire, jusqu'au bout du monde, sans le consentement de sa famille & de ses protecteurs. Dès le même jour, il alla chez le Cardinal de Janson, qui étoit son proche parent, M. le Comte du Luc, & M. de Bontems, premier Valet de chambre du Roi, qui lui avoit toujours marqué beaucoup d'amitié. Ils lui conseillerent d'accepter l'offre de M. le Chevalier de Chaumont, lui dirent que c'étoit un moyen très-sûr de faire sa cour au Roi, qui avoit cette ambassade à cœur; que d'ailleurs il ne risquoit rien en s'éloignant du Royaume en tems de paix. Il goûta ce conseil, & promit à M. de Chaumont de l'accompagner. Celui-ci en fut si content, qu'il le nomma Major de l'ambassade.

Le Chevalier de Forbin se rendit à Brest au commencement de l'année 1685; fut chargé de faire armer deux vaisseaux que le Roi destinoit pour l'ambassade de Siam. Ils furent prêts vers la fin du mois de Février de la même année. M. de Chaumont & l'Abbé de Choisy se rendirent à Brest, & s'embarquerent sur un vaisseau nommé l'*Oiseau*, commandé par M. de Vaudricour. On fit monter sur le même vaisseau les Mandarins

Siamois, six Jésuites que le Roi envoyoit à la Chine, en qualité de Mathématiciens, quatre Missionnaires, & un nombre assez considérable de jeunes Gentilshommes que la curiosité engageoit à faire ce voyage. Toutes les autres personnes de la suite de l'Ambassadeur monterent sur une frégate nommée la *Maligne*, de 33 piéces de canon, & commandée par M. Jayeux, Lieutenant du Port de Brest, & qui avoit fait plusieurs voyages aux Indes orientales. Le 3 Mars de la même année, les deux vaisseaux mirent à la voile, & dirigerent leur route vers le *Cap de Bonne - Espérance*. Ils y arriverent après une navigation de trois mois. Le Chevalier de Forbin descendit à terre, alla complimenter le Gouverneur, lui demanda quelles étoient ses intentions à l'égard du salut,

& le pria de faire fournir des provisions à l'équipage, qui en avoit besoin. Le Gouverneur le reçut avec beaucoup de civilité, convint avec lui que le salut seroit rendu coup pour coup; qu'on fourniroit aux François toutes sortes de rafraichissemens, en payant. Le Chevalier de Forbin retourna à bord, & rendit compte à l'Ambassadeur de la maniere dont il avoit été reçu. Aussitôt on mit les chaloupes à la mer, & les équipages des deux vaisseaux descendirent à terre.

Pendant le peu de tems que le Chevalier de Forbin resta dans ce pays, il fit toutes les observations qu'il crut nécessaires pour le connoître. Voici ce qu'il rapporte à ce sujet dans ses Mémoires. Les Hollandois en sont en possession. Les chefs du peuple qui l'habitoit le leur céderent pour une assez médiocre quantité de tabac & d'eau de vie, & se retirerent plus avant dans les terres. On y trouve une fort belle aiguade. Le pays est naturellement sec & aride. Cependant les Hollandois y ont un jardin qui peut être regardé comme un des plus grands & des plus beaux qu'il y ait au monde. Outre une très-grande quantité d'herbes, on y trouve abondamment les plus beaux fruits de l'Europe & des Indes. Ce Cap étant une espece d'entrepôt où tous les vaisseaux qui font le commerce de l'Europe aux Grandes Indes, & des Indes en Europe, viennent se radouber & prendre les rafraichissemens dont ils ont besoin, il est toujours abondamment pourvu de tout ce qu'on peut souhaiter. Les Hollandois ont établi à douze lieues du Cap une colonie de Religionnaires François, & leur ont donné des terres à cultiver. Ces Religionnaires y ont planté des vignes ; ils y ſement du bled ; enfin, tout ce qui eſt néceſſaire à la vie, & font des récoltes abondantes.

Le climat y eſt fort tempéré ; ſa latitude eſt au 34e degré 30 minutes méridionale. Les naturels du pays ſont cafres, un peu moins noirs que ceux de Guinée, bien faits, & fort agiles ; mais ils ſont fort groſſiers. Ils parlent ſans articuler, ce qui eſt cauſe que perſonne n'a jamais pu apprendre leur langue. Les Hollandois en prennent quelques-uns dans l'enfance, & parviennent à les policer. Ces peuples n'ont aucun culte, & ſe nourriſſent indifféremment de tous les inſectes qu'ils trouvent dans les campagnes. Pour vêtemens, ils n'ont qu'une peau de mouton, qu'ils mettent ſur leurs épaules, & dans laquelle il s'engendre ſouvent de la vermine. Les femmes ont pour tout ornement des peaux de moutons fraichement tués, les mettent autour de leurs bras & de leurs jambes. Ils couchent tous enſemble dans de miſérables cabanes, ne connoiſſent point les loix de la pudeur, même entre les plus proches parens.

Les François ne reſterent que huit jours au Cap de Bonne-Eſpérance, & continuerent leur route. Ils arriverent à la barre de Siam le 23 Septembre, environ six mois après leur départ de Breſt. La barre de Siam eſt un grand banc de ſable, formé par le dégorgement du fleuve Menan; c'eſt-à-dire, *mere des eaux*. Il paſſe pour un des plus conſidérables des Indes. Le banc eſt ſitué à deux lieues de ſon embouchure. Les eaux ſont ſi baſſes dans cet endroit, que les vaiſſeaux ne peuvent y paſſer. Sitôt que les François eurent jeté l'ancre, M. le Chevalier de Chaumont détacha M. de Forbin avec un Miſſionnaire qui avoit déja été dans ce pays, pour aller annoncer ſon arrivée à la Cour de Siam. La nuit ſurprit ces deux députés à l'entrée du fleuve. La marée étant devenue fort haute, M. de Forbin & le Miſſionnaire furent obligés de relâcher. En abordant, ils virent trois ou quatre cabanes de cane, couvertes de feuilles de palmier. Le Miſſionnaire dit à M. de Forbin que c'étoit-là la demeure du Gouverneur de la barre. Ils entrerent dans une de ces cabanes, y trouverent quatre hommes aſſis à terre, & ruminant comme des bœufs. Pour tout vêtement, ils avoient un morceau de toile qui couvroit ſeulement leur nudité; tout le reſte du corps étoit nud.

Cette maiſon annonçoit autant la pauvreté que ceux qui l'habitoient. M. de Forbin ſe trouvant avoir faim, demanda s'il y avoit quelque choſe à manger. On lui préſenta du riz, dont il fallut qu'il ſe contentât, parce qu'il n'y avoit pas autre choſe. Il demanda où étoit le Gouverneur. Un des quatre hommes qui étoient dans la cabane lui dit: *C'eſt moi.* Il jugea, de-là, que ce pays, loin d'être auſſi opulent qu'on l'avoit annoncé en France, étoit très-miſérable.

Lorſque la marée fut paſſée, il ſe rembarqua avec le Miſſionnaire, fit près de douze lieues ſans rencontrer un ſeul village. Enfin il arriva à Bancok ſur les dix heures du ſoir. Le Gouverneur de cette place étoit Turc d'origine : il fit beaucoup d'honnêtetés à M. de Forbin, lui donna à ſouper &

au Missionnaire : mais les mets, qui étoient accommodés à la maniere des Turcs, ne leur parurent pas bons. Le Gouverneur ne leur présenta pour boisson que du sorbet, ce qui ne leur plut encore pas beaucoup. Le lendemain, le Missionnaire prit un ballon, ou bateau, se rendit à Siam, pour annoncer à la Cour que l'Ambassadeur de France étoit arrivé à la barre. M. de Forbin rejoignit les vaisseaux François. L'Ambassadeur resta six jours sans recevoir de nouvelles de la Cour de Siam. Au bout de ce tems, on vit arriver deux députés du Roi, avec M. de Lano, Vicaire apostolique & Evêque de Metellopolis, & l'Abbé de Lionne. Les députés firent un compliment à l'Ambassadeur de France, au nom du Roi de Siam, & de M. Constance, son premier Ministre;

lui présenterent ensuite des rafraichissemens, qui consistoient en volaille & en fruits des Indes.

La Cour de Siam fut quinze jours à préparer l'entrée de l'Ambassadeur de France. On fit bâtir sur le bord de la riviere, de distance en distance, quelques maisons de cane, doublées de toile peinte, & on construisit de petits bâtimens pour transporter l'Ambassadeur & son cortege, parce que les vaisseaux François ne pouvoient passer la barre. Quelques Mandarins reçurent son Excellence à l'entrée de la riviere. Les François furent environ quinze jours à faire le trajet de la barre à la ville de *Joudia*, ou *Odia*, qui est la Capitale du Royaume de Siam. C'est elle que les Européens appellent la ville de *Siam*; mais ce nom est inconnu aux habitans du pays.

Nous

Nous croyons que le Lecteur ne ſera pas fâché de trouver ici une idée du Royaume de Siam. Il eſt au centre de la péninſule de l'Inde, a environ trois cens lieues de longueur, & cent dans ſa plus grande largeur. Il n'eſt pas peuplé à proportion de ſon étendue. On le diviſe en haut & bas Siam (1), & on y compte quatorze Provinces. On y trouve un aſſez grand nombre de villes, dont la capitale eſt Joudia, ou Odia, comme nous venons de le dire. Elles ne forment preſque toutes qu'un amas confus de miſérables cabanes, & n'ont pour clôture qu'une paliſſade de bois. La capitale eſt ſituée ſur un terrein coupé par un grand nombre de canaux qui ſont des bras du Ménan:

(1) La Loubere, du Royaume de Siam, premiere partie, c. 1.

ils la partagent en plusieurs isles, ce qui fait comparer sa situation à celle de Venise. Elle est fermée par une muraille de brique, qui, du côté du Nord & du Midi, est assez bien entretenue; mais le reste est fort négligé, & tombe en ruines. On a pratiqué dans ces murs plusieurs arcades, par où passent les différentes branches du Ménah, sur lesquelles les barques entrent dans la ville, ou en sortent. Il y a, de distance en distance, des terrasses où l'on peut placer du canon. Cette ville a environ deux lieues de circuit; mais elle n'est pas peuplée par-tout également. La plupart de ses habitans sont Chinois, Mogols ou Arabes. Ils y font le négoce. Leurs maisons, quoique petites, sont assez commodes & assez propres. Celles des Siamois ne sont que des cabanes qui ne valent pas les chaumières qu'on voit dans nos plus pauvres hameaux.

Le Palais du Roi est environné d'une double muraille de brique : il a une demi-lieue de circuit. C'est un quarré partagé en plusieurs cours, & rempli d'un grand nombre d'édifices : les uns sont de brique, les autres de bois. Les Officiers du Roi sont logés dans les premieres cours : le Palais que le Prince habite est dans la derniere. Il a la forme d'une croix, du centre de laquelle s'éleve une pyramide à plusieurs étages, & qui domine sur tout l'édifice. C'est un ornement attaché aux maisons royales. L'or brille sur la façade ; le toit est de (1) calin. Les dehors sont

(1) Espece de métail avec lequel on fait les caffetieres qu'on appelle *caffetieres du Levant*.

ornés d'une ſculpture aſſez bien travaillée. Les jardins ſont ſpacieux & plantés de palmiers. Une multitude de petits ruiſſeaux ſerpentent dans les parterres. L'entrée de ce Palais eſt interdite aux étrangers. Les fauxbourgs de la ville ſont vaſtes & aſſez peuplés. Les bords de la riviere ſont remplis de villages habités par des Japonois, des Péguans, des Malais, & par une race de Portugais, nés de femmes Siamoiſes & de Portugais. Il y a quelques Egliſes chrétiennes. Les Hollandois ont une très-belle habitation dans ce canton.

Dans une plaine, qui eſt à quelque diſtance de la ville, on voit une pyramide remarquable par ſa hauteur & ſa conſtruction. Elle fut élevée en mémoire d'une victoire que les Siamois remporterent dans ce lieu ſur un Roi du Pegu, qui périt dans l'action avec toute son armée. Le terrein sur lequel la pyramide se trouve est quarré : un parapet fort bas, mais assez bien construit, regne tout autour. L'élévation de la pyramide, suivant Kaempfer, est de trois cens soixante pieds. Cet édifice est divisé en deux parties : celle d'en bas est quarrée ; chaque face a cent quinze pieds de long. Cette base diminue à proportion qu'elle s'éleve. De chacun des côtés, sortent trois angles saillans, qui continuent jusqu'au sommet, & qui s'étrecissent à mesure qu'ils montent. Il y a quatre étages dans cette partie : le dernier, qui est beaucoup plus étroit que les autres, se termine en terrasse. Chaque étage est orné de corniches agréablement diversifiées. On y voit des galeries saillantes, environnées d'un petit mur à hauteur d'appui, avec des colonnes dans les angles. L'escalier est au centre. Il a cent soixante marches hautes, chacune, de neuf pouces, & larges de quatre pieds. Il conduit à la terrasse, qui est environnée, dans son contour, d'une balustrade saillante, chargée des mêmes ornemens que les galeries.

C'est du centre de cette terrasse que s'éleve l'autre partie de la pyramide. Elle diminue d'une maniere sensible, & se termine en pointe d'obélisque. Son piédestal est octogone ; mais ses angles sont inégaux ; ils ont alternativement 11 ou 12 pieds de longueur. Il est orné de corniches qui s'élevent à la hauteur de quelques toises. Depuis le sommet de cette base, la pyramide, qui est déja fort rétrecie, s'arrondit en forme de campane, & est couronnée d'une lanterne formée par des colonnes fort courtes, & dont les intervalles ſont à jour. Ces colonnes ſoutiennent pluſieurs globes. Le tout eſt terminé par une aiguille très-haute, & ſi déliée, qu'on a lieu d'être ſurpris qu'elle réſiſte depuis tant d'années aux injures du tems.

Les Siamois ſont naturellement doux; mais indolens, pareſſeux, & preſque inſenſibles; ils n'aiment & ne haïſſent que très-foiblement, négligent tous les exercices de l'eſprit & du corps. Les femmes ſont aſſez bien faites; mais elles ont les traits ſi groſſiers, qu'on diſtingue à peine leur phyſionomie de celle des hommes (1).

La religion des Siamois n'eſt fondée que ſur un tiſſu de fables. Ils n'ont

(1) Kaempfer, Hiſtoire du Japon, l. 1, ch. 1; la Loubere, Gervaiſe, le P. le Blanc.

aucune idée raisonnable de la divinité. Les dieux qu'ils adorent ont été des hommes dont l'origine est connue, qui ont même vécu dans le pays, & ne sont arrivés à la divinité qu'après avoir été métamorphosés plusieurs fois en bêtes. Ces peuples ont des temples ou pagodes dans lesquels on voit des figures d'une grandeur gigantesque. Elles représentent des hommes & des animaux ; mais elles sont assez grossierement faites. Elles sont de terre cuite, & si bien dorées, qu'on les croiroit d'or massif. Il y a dans ce Royaume une espece de Moines qu'on appelle *Talapoins*. Ils menent une vie fort austere. Ils ont dans leurs couvens des femmes qui apprêtent leurs repas ; mais elles sont fort âgées.

Comme ce vaste Royaume contient peu d'habitans, la plus grande partie du terrein eſt en friche : tous les cantons éloignés des rivieres & des côtes maritimes ſont déſerts. Le riz eſt la principale nourriture des Siamois. Il y en a qui vient ſans culture ; mais il eſt beaucoup inférieur à celui qu'on cultive. On trouve dans ce pays des légumes qui different peu de ceux d'Europe. Les fleurs y ont moins d'éclat & moins d'odeur que les nôtres, parce que le ſoleil les brûle ; mais les fruits ont plus de parfum & de ſaveur que ceux d'Europe. Il y a une eſpece d'orange encore plus agréable que celle de Malthe : elle eſt auſſi groſſe que nos plus forts melons. Sa chair a le goût approchant de celui de la fraiſe, & ſon jus eſt très-rafraîchiſſant.

Le *bananier* produit un fruit aſſez ſemblable à notre figue ; mais il eſt plus gros & plus allongé. Le *mangouſtan* porte un fruit blanc qui a le goût & la fraîcheur de nos cerises. Le fruit de l'*ata* a la forme d'une pomme de pin; mais il est beaucoup plus gros. Sa peau est, épaisse; sa chair est molle; il en sort un jus qui a la couleur & le goût de la crême la plus douce. Les cocotiers sont fort communs dans les forêts de Siam. Le bétel y vient en abondance. Il n'y a point de *mûriers*; par conséquent la soie y est inconnue. Le *lin* & le *chanvre* y manquent aussi; mais le coton y est très-commun, & d'une bonne espece. Il y a beaucoup de bois de construction.

Les Siamois élevent peu de bestiaux, parce que la religion qu'ils professent ne leur permet pas de manger de la chair. Ils ont beaucoup de *bœufs* & de *busles* qui leur servent au labourage. Les chevaux y sont fort rares; mais on y trouve beaucoup de *daims*, d'*éléphans*, de *rhinoceros*. Il y a des *tigres*; mais on n'y trouve point de *lions*. Les ſinges y ſont fort communs.

Les oiſeaux qu'on voit à Siam ont, en général, un très-beau plumage: le jaune, le bleu, le rouge, le verd ſont leurs nuances les plus communes; mais leur ramage n'a rien d'agréable. Les *poules*, les *perdrix*, les *bécaſſes*, les *pigeons* ſont en plus grande quantité à Siam qu'en Europe. Le poiſſon y eſt fort commun. On y voit beaucoup de reptiles qui ſont fort dangereux, principalement des ſerpens qui ſont d'une prodigieuſe grandeur. Il y a des mines d'or & d'argent, mais on n'y travaille pas; on fait ſeulement valoir quelques mines de fer & de plomb. On trouve dans les montagnes des agathes, des ſaphirs, & des diamans blancs.

Les revenus du Roi conſiſtent dans les impoſitions, les bénéfices caſuels & les profits du commerce. Les impoſitions ſe levent ſur les terres, ſur les vaiſſeaux qui paſſent dans certains endroits du Ménan ; ſur tout ce qui entre ou ſort par mer, ſur les eaux de vie de riz, ſur certains arbres, ſur quelques fruits, ſur le bétel, &c.

Les confiſcations, les amendes, les préſens qu'on fait au Monarque, les donations que ſes Officiers lui font en mourant, les taxes qu'il impoſe dans les cas particuliers, le bénéfice qu'il tire de l'exemption des corvées, &c. ſont les revenus caſuels de Sa Majeſté Siamoiſe.

Le commerce eſt la troiſieme ſource des richeſſes du Roi : il s'eſt emparé de celui du dehors, & partage avec ſes ſujets celui qui ſe fait dans l'intérieur du Royaume ; mais il ſe réſerve le débit des marchandiſes les plus lucratives.

La monnoie de Siam eſt d'argent : l'or & le cuivre ne ſe convertiſſent point en eſpeces. L'or eſt marchandiſe, & vaut douze fois l'argent.

Le Roi de Siam eſt le plus puiſſant de tous ceux qui regnent dans la preſqu'iſle de l'Inde. Ses ſujets lui rendent des hommages qui approchent de l'adoration ; mais il vit dans une inquiétude continuelle. Son Palais eſt fortifié d'une triple enceinte, & en outre défendu par des chauſſes-trapes de fer, armées d'un double rang de pointes. Tous ſes ſujets ſont traités comme de vils eſclaves, & n'ont, pour ainſi dire, d'autre ſentiment que la crainte. Auſſi ne s'intéreſſent-ils nullement à la conſervation de leur Souverain, & ce pays eſt expoſé à des révolutions continuelles. Enfin, pour donner une idée générale du Royaume de Siam, empruntons les paroles du Comte de Forbin. Les voici : « Je dirai franchement que j'ai » été ſurpris plus d'une fois que l'Abbé » de Choiſy & le Pere Tachard, qui » ont fait le même voyage, & qui ont » vu les mêmes choſes que moi, ſem» blent s'être accordés pour donner au » public, ſur le Royaume de Siam, » des idées ſi brillantes & ſi peu con» formes à la vérité. Il eſt vrai que, n'y » ayant demeuré que quelques mois, » ils ne virent dans ce Royaume que » ce qui étoit le plus propre à en im» poſer : mais il faut qu'ils aient été » étrangement prévenus pour n'y avoir » pas apperçu la miſere qui ſe mani» feſte par-tout à tel point qu'elle

» ſaute aux yeux, & qu'il eſt im-
» poſſible de ne la pas voir..... Je
» ne ſaurois m'empêcher de relever
» encore une bévue de nos faiſeurs de
» relations. Ils parlent à tout bout de
» champ d'une prétendue ville de
» Siam, qu'ils appellent la capitale du
» Royaume, qu'ils diſent n'être gueres
» moins grande que Paris, & qu'ils
» embelliſſent comme il leur plaît. Ce
» qu'il y a de bien certain, c'eſt que
» cette ville n'a jamais exiſté que dans
» leur imagination; que le Royaume
» de Siam n'a d'autre capitale qu'Odia,
» ou Joudia, & qu'elle eſt à peine
» comparable, pour la grandeur, à
» ce que nous avons en France de
» villes du quatrieme & du cinquieme
» ordre ». Revenons à notre narration.

Lorſque l'Ambaſſadeur de France fut

arrivé à la capitale, on le conduisit dans une grande maison de canne, où il logea avec tout son cortege, jusqu'au jour de l'audience. Le premier Ministre & tous les Grands Mandarins du Royaume allerent lui rendre visite. Le jour de l'audience, le Roi de Siam envoya ses balons prendre l'Ambassadeur. Lorsqu'il fut près du Palais, il trouva une maniere d'estrade portative, couverte de velours cramoisi, sur laquelle étoit un fauteuil doré. Il y avoit encore deux estrades, mais moins ornées : l'une étoit pour l'Abbé de Choisy, l'autre pour l'Abbé de Lano, Vicaire apostolique & Evêque de *Metellopolis*. On les porta tous trois jusqu'au Palais, & tout le cortege les accompagnoit à cheval. Ils entrerent d'abord dans une cour fort spacieuse, dans laquelle étoit un nombre prodigieux d'éléphans rangés ſur deux lignes, au milieu deſquelles les François paſſerent. L'éléphant blanc, ſi reſpecté des Siamois, étoit ſéparé des autres, par diſtinction. Les François paſſerent dans une ſeconde cour où étoient cinq ou ſix cens hommes aſſis à terre : ils avoient les bras peints par bandes bleues. Ce ſont les bourreaux & en même-tems les gardes du Roi de Siam. Enfin après avoir paſſé pluſieurs autres cours, les François arriverent à la ſalle d'audience.

On plaça l'Ambaſſadeur ſur un fauteuil. Il tenoit une coupe d'or où étoit la lettre du Roi de France. L'Abbé de Choiſy étoit à ſon côté droit; mais plus bas, ſur un tabouret : le Vicaire Apoſtolique de l'autre côté à terre, mais ſur un tapis plus propre que celui qui couvroit le parquet. Toute la ſuite de l'Ambaſſadeur étoit rangée derriere lui, ſur une ligne & aſſiſe à terre, ayant les jambes croiſées. On avoit recommandé à tous ceux qui la compoſoient de cacher leurs pieds, parce que, dans ce pays, c'eſt manquer de reſpect que de les laiſſer voir, lorſqu'on eſt aſſis. Du côté oppoſé étoient les grands Mandarins, ayant à côté d'eux les plus qualifiés de l'Etat & ainſi de ſuite, juſqu'à la porte de la ſalle. Lorſque tout fut ainſi diſpoſé, on entendit un coup de tambour; à ce ſignal, tous les Mandarins ſe mirent ſur les genoux & ſur les coudes. Leur habillement conſiſtoit en une eſpece de camiſolle qui deſcendoit juſqu'à la ceinture & en un morceau de linge qui leur couvroit le reſte du corps juſqu'à la moitié de la cuiſſe. Ils avoient ſur la tête un panier d'un demi pied de long, terminé en pointe & couvert de mouſſeline.

La posture de ces Mandarins, avec leurs bonnets pointus qui leur donnoient réciproquement dans le derriere, parut si plaisante aux François qui sont naturellement gais, qu'ils se mirent tous à rire. Le tambour battit encore plusieurs coups, mettant un intervalle entre chaque. Au sixieme, le Roi ouvrit une fenêtre & se montra. Les Souverains de Siam font consister leur grandeur & la preuve de leur souveraine puissance à être toujours élevés au-dessus de ceux qui paroissent devant eux. C'est pour cette raison qu'ils ne donnent jamais audience aux Ambassadeurs que par une fenêtre fort élevée, & qui donne dans la salle où ils les reçoivent.

Il avoit sur sa tête un chapeau pointu, dont le bord n'avoit guere plus d'un pouce de large; il étoit attaché sous le menton avec un cordon de soie. Son habit étoit à la Persane, couleur de feu & or. Il étoit ceint avec une écharpe très-riche, dans laquelle un poignard étoit passé. Il avoit des bagues d'un grand prix à plusieurs de ses doigts. Ce Monarque pouvoit avoir cinquante ans. Il étoit de petite taille, fort maigre; n'avoit point de barbe. Sur le côté gauche de son menton, il y avoit une grosse verrue, d'où sortoient deux longs poils qui ressembloient à du crin. L'Ambassadeur de France, après l'avoir salué par une profonde inclination, lui fit une harangue étant assis & ayant la tête couverte. Le premier Ministre de Siam, qui se nommoit Constance, servoit d'interprête. L'Ambassadeur s'approcha ensuite de la fenêtre, présenta la lettre au Roi, mais il la tenoit un peu bas. Pour la prendre, Sa Majesté fut obligée de se baisser beaucoup ; même de sortir de la fenêtre jusqu'à la moitié du corps. Il fit quelques questions à l'Ambassadeur concernant le Roi de France, la Famille royale, & le Royaume. Ensuite le gros tambour battit ; le Roi se retira & les Mandarins se releverent.

L'audience étant finie, l'Ambassadeur se retira dans le même ordre qu'il étoit venu, & on le conduisit dans une maison qu'on avoit préparée pour lui. Il eut plusieurs conférences particulieres avec le Roi, &, comme il falloit beaucoup de cérémonial avant que son Excellence arrivât jusqu'au Monarque, le Comte de Forbin, en qualité de Major, étoit chargé d'aller faire connoître au Roi les intentions de l'Ambassadeur ; & de retourner annoncer à l'Ambassadeur celles du

Monarque. Le Comte plut tellement au Roi, qu'il conçut le desir de le retenir à sa Cour, & le dit à son premier Ministre. Celui-ci, persuadé que le Comte pouvoit lui être utile dans l'exécution des projets qu'il avoit formés, approuva le dessein du Prince, & lui dit qu'outre les services que ce François pourroit lui rendre dans ses Etats, il étoit convenable qu'on gardât quelqu'un de la suite de l'Ambassadeur de France, pour répondre de la conduite que cette Cour tiendroit avec les Ambassadeurs de Siam qu'on devoit y envoyer. Le Roi goûta les raisons de son Ministre, & le chargea de faire connoître ses intentions à l'Ambassadeur de France. M. le Chevalier de Chaumont répondit qu'il ne pouvoit disposer d'un Officier du Roi, principalement lorsqu'il étoit d'une naissance aussi distinguée que le Chevalier de Forbin. Après une assez longue contestation, le Ministre de Siam dit à l'Ambassadeur de France que le Roi, son maître, vouloit absolument retenir le Chevalier de Forbin en ôtage auprès de lui. Ce ne fut qu'avec beaucoup de peine qu'on détermina le Chevalier à rester dans un pays si éloigné & où les plus grands établissemens ne valoient même pas ceux qu'il avoit en France. Le Roi de Siam le nomma *Grand-Amiral & Général de ses Armées*; lui envoya le sabre & la veste qui étoient les marques de sa nouvelle dignité.

Peu de jours après, M. le Chevalier de Chaumont eut son audience de congé, & partit, emportant des présens magnifiques pour le Roi de France & la Cour.

Nous croyons pouvoir donner ici une idée du premier Miniſtre de Siam, nommé Conſtance par les uns, Conſtantin Paulkon par les autres, & faire connoître ſes vues politiques (1). Il étoit Grec d'origine, fils d'un cabaretier établi dans un petit village de l'île de *Cephalonie*. Dès l'âge de douze ans, il s'embarqua ſur un vaiſſeau qui le conduiſit en Angleterre, où il abjura la religion catholique, & s'engagea au ſervice de la Compagnie des Indes. Il parvint à être maître de chaloupe, alla à Siam; forma des liaiſons étroites avec les Miſſionnaires Jéſuites; quitta la Compagnie des Indes;

(1) Mémoires du Comte de Forbin, Kaempfer, Voyage de Siam, le Pere le Blanc, Hiſt. de la révolution de Siam, l. 1, pag. 20 & ſuiv.

fit

fit différens voyages ; amassa de l'argent ; fit construire un vaisseau ; trafiqua pour son compte. Il essuya plusieurs tempêtes, & perdit son vaisseau sur la côte de Malabar ; mais il sauva environ deux mille écus, avec lesquels il acheta une barque pour retourner à Siam. Etant sur le point de partir, il rencontra un Seigneur Siamois, qui, revenant de l'ambassade de Perse, avoit fait naufrage sur la même côte. Touché de son malheur, il le reçut dans sa barque, lui fournit, pendant son trajet, tous les secours dont il avoit besoin. Ce Seigneur lui en marqua sa reconnoissance lorsqu'ils furent arrivés à Siam. Il le recommanda au premier Ministre, & lui fit un portrait si avantageux de cet étranger, que le Ministre l'envoya chercher, le prit à son service ; conçut tant d'affection pour lui, qu'il le combla de biens; le présenta au Roi, comme un sujet capable de le servir. Le Prince ne tarda pas à lui donner toute sa confiance. Le premier usage que l'ingrat Constance fit de son crédit, fut d'indisposer le Roi contre celui qui l'avoit accablé de bienfaits : il l'immola à son ambition; conseilla au Roi de le faire périr.

Le crime est par-tout odieux : les grands sentirent toute l'horreur du procédé de Constance; ils jurerent sa perte; mais leur projet, mal concerté, fut découvert : plus de trois cens d'entr'eux furent condamnés à mort. Constance profita de la consternation qu'il avoit jettée dans les esprits; s'empara de tout le commerce du royaume; commit des vexations de toutes especes, & amassa des richesses immenses.

Son bonheur n'étoit cependant qu'apparent : les remords & la crainte le tourmentoient. Il ſavoit que ſes forfaits avoient excité l'indignation des Siamois ; que tous étoient ſes ennemis ; qu'ils n'attendoient qu'un moment favorable pour faire éclater leur haine contre lui. Ce terrible moment ne paroiſſoit pas éloigné : la ſanté du Roi s'affoibliſſoit de jour en jour, & annonçoit ſa fin prochaine. Conſtance, pour éviter les malheurs dont il étoit menacé, chercha à former des liaiſons avec un Monarque étranger qui voulût former, dans le royaume de Siam, des établiſſemens aſſez conſidérables pour le garantir des coups qu'on chercheroit à lui porter après la mort de Chaou-Naraie. C'étoit le nom du Roi de Siam. Ce fut dans cette idée qu'il engagea ſon maître à envoyer une ambaſſade à Louis XIV, dont les Miſſionnaires lui avoient vanté la puiſſance. Conſtance chargea les Ambaſſadeurs Siamois de perſuader à la Cour de France qu'elle feroit un commerce très-avantageux, ſi elle établiſſoit dans le royaume de Siam une colonie nombreuſe, & d'inſinuer que le Roi leur maître étoit diſpoſé à embraſſer le chriſtianiſme, quoiqu'il n'en eût pas même l'idée. Louis XIV crut que ſa piété demandoit qu'il répondît à ces avances : il envoya un Ambaſſadeur au Roi de Siam, comme on vient de le voir. Cet Ambaſſadeur y reſta pendant trois mois, & retourna en France avec de nouveaux Mandarins qui étoient chargés de demander à Louis XIV des Mathématiciens, des Artiſtes célébres, enfin des troupes commandées par des Officiers expérimentés. Les Négocians François établis à Siam ; les Missionnaires, entre autres le Pere Tachard, Jésuite, qui avoit séjourné long-tems dans ce pays, se donnerent beaucoup de mouvemens pour engager Louis XIV à envoyer une seconde ambassade à Siam. Le Pere Tachard retourna en France avec le Chevalier de Chaumont ; mit le Pere de la Chaise dans ses intérêts, & réussit (1). On équipa six vaisseaux à Brest ; on nomma deux Ambassadeurs extraordinaires, MM. de la Loubere & Ceberet. On envoya avec eux quatorze Jésuites, un corps de troupes assez nombreux & une quantité considérable de munitions de guerre. L'escadre arriva à la barre de

(1) Le Pere Tachard, 2e. voyage, l. IV.

Siam le 27 ſeptembre 1687. Les deux Ambaſſadeurs conclurent avec la Cour de Siam un traité en vertu duquel on livra aux François *Merguy* & Bankok, les deux clefs du royaume. Le Roi donna aux François les plus grandes marques de conſidération ; il fit un de leurs Officiers Colonel de ſes Gardes ; ne paroiſſoit jamais en public, ſans être environné de ces étrangers. Il permit aux Jéſuites François de prêcher l'évangile & de bâtir des égliſes.

Ces conſidérations pour des étrangers exciterent la jalouſie des grands, & firent murmurer le peuple. Le Prince de *Johor* repréſenta au Roi qu'il étoit dangereux d'attirer un ſi grand nombre d'étrangers dans ſes Etats, & de leur livrer les clefs du royaume. Il l'exhorta à les congédier au plutôt,

& lui offrit des troupes, en cas qu'il en eût besoin. Le Roi de Siam fut si indigné de voir que le Prince de Johor, qui étoit son vassal, eût la hardiesse de blâmer sa conduite, qu'il auroit fait trancher la tête à ses Envoyés, si son Ministre ne l'en eût empêché.

Quelques jours après, un Malaïs déclara à un Conseiller du Prince que Constance avoit conspiré contre le Roi, & que les François étoient ses complices. Le Roi ordonna qu'on le mît à la torture, pour l'obliger à dénoncer ceux qui lui avoient suggéré une pareille calomnie. Voyant qu'il ne vouloit rien avouer, on le fit déchirer par les tigres; &, pour intimider tous ceux qui étoient mécontens du gouvernement, on fit brûler un grand nombre de Macassars, aux environs de la capitale.

Cette barbare exécution jetta la terreur dans tous les esprits, & personne n'osa plus faire éclater son mécontentement : mais, au mois de février 1688, le Roi fut attaqué d'un asthme violent, qui, joint à une grande foiblesse de poitrine, le menaça d'une mort prochaine. Bientôt il ne fut plus en état de s'occuper des soins du gouvernement, l'abandonna tout entier à Constance & aux François. Un Siamois cependant possédoit son amitié. C'étoit un nommé *Pitracha* : il étoit d'une naissance assez commune : mais sa mere avoit nourri le Roi : il avoit été élevé auprès de ce Prince, étoit entré, pendant leur enfance, dans tous ses divertissemens. Dans un âge plus avancé, il lui avoit toujours marqué beaucoup de zèle, & avoit eu beaucoup d'assiduités auprès de lui.

Pitracha avoit une sœur qui étoit entrée dans le sérail du Roi, & avoit su gagner toute sa tendresse : mais il la surprit avec le plus jeune de ses freres, & cette infidélité changea l'amour du Roi en haine : il la livra aux tigres, & son amant reçut une si terrible bastonade, qu'il resta perclus de ses membres le reste de ses jours. Le Roi avoit un autre frere; mais il étoit tout contrefait, & pouvoit à peine marcher. D'ailleurs, il avoit des inclinations très-vicieuses, & étoit sujet à des emportemens qui tenoient de la fureur. Ces deux Princes étoient les héritiers présomptifs du Roi, qui n'avoit point d'enfans mâles; mais il avoit pris pour eux une si grande aversion, qu'il ne vouloit pas laisser tomber sa succession dans leurs mains.

Depuis quelques années, il faisoit

élever à la Cour un jeune homme, nommé *Monqi-Totſo*, qu'il avoit adopté, & qu'il aimoit comme ſon propre fils. On étoit même perſuadé qu'il l'avoit eu d'une fille de haute naiſſance, qu'on avoit accouchée ſecretement, & qui avoit épouſé, par la ſuite, un des principaux Officiers du Roi. On croyoit encore que l'intention du Prince étoit de faire épouſer à Monqi une fille unique qu'il avoit ; de lui aplanir, par ce mariage, le chemin au trône, & d'en exclure ſes freres qu'il haïſſoit.

Cependant la ſanté du Roi diminuoit ; on ignoroit les arrangemens qu'il avoit pris : on vit ſe former des brigues de toutes parts (1) ; Conſtance

(1) Kaempher, Hiſtoire du Japon, l. 1, chap. 2.

en forma une; &, se fiant sur l'appui des François, il porta ses vues jusqu'au trône. Pitracha, ce frere de lait du Roi, dont nous avons parlé, aspira aussi à la souveraineté : il mit dans ses intérêts les Talapoins, les Grands du royaume & le peuple. Il se lia étroitement avec Monqi; le flatta de l'espérance de parvenir au trône après la mort du Roi, & l'amena, par ce moyen, au point de lui déclarer tous les secrets du Prince. Il le chargea ensuite de l'obséder nuit & jour, & d'empêcher que personne ne lui parlât sans témoins. Le Blanc assure qu'il se procura, par l'entremise de Monqi, les sceaux du Roi; qu'il s'en servit pour expédier plusieurs ordonnances : mais ses intrigues transpirerent. Constance, qui avoit beaucoup d'espions à ses ordres, reçut divers avis, & prit en conséquence une résolution hardie. Il écrivit à Desfarges, Général des troupes Françoises qui étoient en garnison à Bankok, le pria de se rendre incessamment à Louvo, où il avoit une affaire importante à lui communiquer. Desfarges s'y rendit, & le Ministre lui envoya le Pere le Blanc avec un autre Jésuite, pour lui assurer qu'on avoit des preuves certaines que Pitracha conspiroit contre le Roi & contre l'Etat, & lui faire connoître en même-tems que cette affaire intéressoit la sûreté des François établis à Siam; que M. Constance ne trouvoit point d'expédient plus sûr que de faire arrêter ce conspirateur, & qu'il comptoit assez sur le zèle & la bravoure des François, pour espérer qu'ils voudroient bien lui prêter main forte dans cette occasion; qu'il demandoit soixante ou quatre-vingts hommes bien armés; qu'avec ce secours il étoufferoit cette conspiration naissante. Les Jésuites ajouterent que M. Constance n'avoit pas jugé à propos de parler lui-même à M. Desfarges, afin de le laisser réfléchir sur la réponse qu'il voudroit lui faire, & sur le parti qu'il croiroit devoir prendre.

Desfarges répondit qu'il étoit tout disposé à faire ce que M. Constance pouvoit attendre de lui : il alla même le voir, pour qu'ils concertassent ensemble les moyens de l'exécution. Il lui promit d'envoyer quatre-vingts hommes armés à Louvo, & de se mettre à leur tête; mais il exigea qu'on lui donnât un ordre du Roi pour autoriser cette démarche. Constance le conduisit au palais; alla parler au Roi, lui dit devant plusieurs témoins : « le » Roi vous ordonne de vous rendre » à Louvo pour son service, avec le » nombre de soldats que vous jugerez » à propos d'amener ». Desfarges se contenta de cet ordre verbal. Le Pere le Blanc assure que Constance forma seul ce complot, & que le Roi l'ignora long-tems.

Desfarges partit la nuit pour Bankok, assembla la garnison, & en tira le détachement qu'il avoit promis ; s'embarqua avec lui sur des balons que le Ministre avoit eu soin de tenir prêts. Il arriva, le 15 avril 1688, à douze lieues de Louvo ; alla loger au quartier des François. On lui représenta le danger de l'entreprise dans laquelle Constance l'avoit embarqué : on l'intimida : il suspendit sa marche. En vain le Ministre le fit prier d'avancer avec ſes troupes vers Louvo ; il retourna à Bankok.

Pitracha fut inſtruit que le Général François s'étoit approché de Louvo avec un détachement de ſa nation : il ſe douta qu'on en vouloit à ſa perſonne, & réſolut de hâter l'exécution de ſes deſſeins. Il chercha à gagner les Mandarins par de flatteuſes promeſſes ; diſtribua des largeſſes aux artiſans & aux ouvriers. Conſtance, pour arrêter ſes projets, employoit ſes moyens ordinaires, les châtimens les plus cruels contre les Mandarins & ceux qu'il croyoit diſpoſés en faveur de Pitracha. Monqi, dont nous avons parlé plus haut, & qu'on ſoupçonnoit être le fils naturel du Roi, s'apperçut que Pitracha aſpiroit au trône, & ſe préparoit à l'en exclure. Il déclara au Roi que ce traître, abuſant de ſa faveur, avoit ſuborné les Mandarins, les Prêtres & le peuple; que ſon deſſein étoit de ſe rendre maître du palais, de ſe défaire de Conſtance, d'arrêter le Roi, & d'exterminer la famille royale. Il ajouta que les environs de Louvo étoient remplis de ſoldats armés, que le palais étoit inveſti, que Sa Majeſté n'y étoit pas en ſûreté.

Le Roi, tranſporté de colere, envoya chercher Conſtance; lui ordonna de faire arrêter ſur-le-champ Pitracha; mais Conſtance lui dit d'attendre au lendemain, & donna des ordres en conſéquence. Pitracha en fut averti: voyant ſes complots découverts, il crut qu'il n'avoit plus rien à ménager. Il aſſembla autour de lui tous ſes partiſans; fit entrer dans Louvo les ſoldats qu'il avoit diſperſés aux environs; aſſembla, de tous les quartiers de la ville, une multitude d'esclaves, de rameurs & d'ouvriers. Tous se rangerent autour du palais, le 18 mai 1688, à midi. Le Grand Sancrat ou Prêtre étoit à leur tête, porté sur les épaules de six hommes; exhortoit tout le monde du geste & de la voix. Il se présenta à une petite porte du palais, qui fut ouverte par des gens de sa faction. Il entra & fut suivi par une troupe innombrable de rebelles. A cette nouvelle, Constance se rendit au palais, accompagné de trois Officiers François, & de quelques gardes qu'il avoit assemblés à la hâte; mais à peine fut-il entré, que Pitracha, qui étoit à la tête d'une troupe de gens armés, l'arrêta & le fit conduire en prison. Ce rebelle se voyant maître du palais, en chassa tous les Officiers qui servoient le Roi;

ne lui laissa que ses Médecins & deux esclaves. La chambre du Monarque fut fermée à tout le monde : Pitracha & son fils furent les seuls qui pussent y entrer.

Monqi, au commencement du tumulte, s'étoit réfugié dans la chambre du Roi, & les rebelles n'oserent lui toucher tant qu'il y fut ; mais il en sortit le 2 mai, deux heures avant le jour; des gens apostés se saisirent de lui & le massacrerent.

Pitracha prit le titre d'Administrateur du royaume; déclara Constance ennemi de l'Etat; confisqua ses biens; lui fit trancher la tête; condamna à l'esclavage sa femme & son fils qui n'avoit alors que quatre ans. Le Roi mourut peu de tems après. Pitracha fit étouffer ses deux freres, & fut proclamé Roi. Les François qui n'avoient plus d'appui dans le royaume de Siam, ſe retirerent, avec tous leurs effets, ſur la côte de Coromandel.

Revenons à la vie du Comte de Forbin. Il n'étoit plus à Siam, lorſque la révolution arriva. Conſtance, voyant que le Roi avoit conçu de l'eſtime & de l'amitié pour lui, eut peur qu'il ne le ſupplantât. Il l'écarta de la Cour, ſous différens prétextes; l'expoſa même aux plus preſſans dangers, dans l'intention de le faire périr. Le Comte de Forbin réſolut de ſaiſir la premiere occaſion qui ſe préſenteroit pour quitter ce pays, & retourner en France. Ayant appris qu'un vaiſſeau François, venant de *Pondichéri*, étoit à la barre de Siam depuis quelques jours, il ſe rendit à bord de ce vaiſſeau; écrivit au Miniſtre, pour le prier d'annoncer ſon départ au Roi, & de le remercier de ſes bontés. Il s'embarqua, &, après une navigation aſſez longue & aſſez pénible, arriva à Breſt ſur la fin de juillet 1688, environ trois ans & demi après en être parti avec M. de Chaumont.

Il ſe hâta de mettre au Meſſager les marchandiſes qu'il avoit apportées des Indes. Elles conſiſtoient en paravents, cabinets de la Chine, thé, porcelaines, en piéces d'indienne de toute eſpece, une quantité très-conſidérable d'étoffes d'or & d'argent. Il prit enſuite la poſte, ſe rendit à Paris; alla voir M. de Seignelai, alors Miniſtre de la Marine, qui le reçut avec accueil, & le préſenta au Roi. Sa Majeſté ordonna qu'on lui payât tous ſes appointemens juſqu'à ce jour.

Charmé d'une réception ſi favorable, il ſe préſenta au dîner du Roi, qui lui fit l'honneur de lui adreſſer la parole. Sa Majeſté lui demanda ſi le royaume de Siam étoit riche. « Sire, » lui répondit le Comte de Forbin, » ce pays ne produit rien & ne con» ſume rien ». C'eſt dire beaucoup en peu de mots, repliqua le Roi, qui lui fit encore beaucoup d'autres queſtions ſur ce royaume. Au ſortir du dîner, M. de Seignelai le fit paſſer chez lui; l'interrogea ſur tout ce qui regardoit les intérêts du Roi, & lui demanda ſi l'on pouvoit établir un gros commerce à Siam. Le Comte répondit au Miniſtre que ce royaume ne produiſant rien, qu'on ne pouvoit le regarder que comme un entrepôt propre à faciliter le commerce avec la Chine, le Japon & les autres royaumes des Indes. Deux jours après, le Cardinal de Janſon dit au Comte de Forbin d'aller trouver le Pere de la Chaiſe qui déſiroit de s'entretenir avec lui sur le nouvel établissement des François dans le royaume de Siam. Ce Pere ne lui parla que de religion & du dessein que le Roi de Siam avoit de retenir des Jésuites dans ses Etats ; de leur faire même bâtir un college & un observatoire dans sa capitale. Le Comte de Forbin répondit que M. Constance, qui desiroit beaucoup que le Roi de France lui accordât sa protection, promettoit au-delà de ce qu'il pouvoit tenir ; que le college & l'observatoire pourroient être bâtis, & exister pendant la vie du Roi actuel ; que les Jésuites y seroient nourris & entretenus ; mais qu'aussi-tôt que ce Prince seroit mort, il faudroit que la France fournît des fonds à ces Missionnaires, pour leur entretien, parce qu'il n'y avoit pas d'apparence qu'un nouveau Roi voulût y contribuer. Le Pere la Chaiſe lui dit qu'il n'étoit pas d'accord avec le Pere Tachard. Le Comte de Forbin reprit : « j'ignore ce que le Pere Ta» chard a dit, & les motifs qui l'ont » engagé à parler; mais je dis à votre » Révérence la pure vérité ».

Peu de tems après le retour du Comte de Forbin en France, on apprit la révolution arrivée à Siam, & l'on y vit arriver les débris de la colonie qu'on avoit envoyée dans ces climats éloignés. Les Officiers en donnerent les détails, tels que nous les avons annoncés ci-deſſus. Il en arriva une en Europe encore plus étonnante : Jacques II, de la Maiſon de Stuart, abandonna l'Angleterre en 1689, & Guillaume, Prince d'Orange, fut élu à ſa place. Louis XIV arma ſur terre & ſur mer, pour ſoutenir les droits de Jacques II, son allié. Le Comte de Forbin alla demander de l'emploi à M. de Seignelai, qui le fit passer à Dunkerque, où on lui donna le commandement d'une frégate de 16 piéces de canon, avec ordre de croiser dans la Manche. A peine eut-il mis à la mer, que le Gouverneur de Calais lui fit savoir que les Espagnols avoient déclaré la guerre à la France, & qu'il pouvoit attaquer les vaisseaux de cette nation. Peu de tems après, il rencontra quatre petits bâtimens Ostendois; les arrêta sans aucune peine, parce qu'ils ignoroient que la France & l'Espagne fussent en guerre: il les conduisit à Dunkerque où ils furent confisqués au profit du Roi.

Il partit bientôt avec Jean-Bart qui montoit une frégate de vingt-quatre canons. Ils avoient ordre de conduire

duire au port de Brest plusieurs bâtimens chargés pour le compte du Roi.

Pendant ce trajet, un corsaire Hollandois de quatorze piéces de canon alla les reconnoître. Ils lui donnerent la chasse; le joignirent. Voyant qu'ils alloient l'aborder, il fit clouer ses écoutilles, afin que ses gens, ne pouvant se sauver, fussent obligés de se défendre jusqu'à la derniere extrémité. Ils monterent à l'abordage: le corsaire se battit en désespéré: mais son pont ayant été couvert de morts, il se rendit, ne pouvant plus résister. Ils le conduisirent à Brest avec les vaisseaux qu'ils escortoient. De-là, ils se rendirent au Havre-de-Grace, où ils apprirent que la guerre étoit déclarée entre la France & l'Angleterre: ils reçurent même ordre de courir sur les vaisseaux Anglois. Vingt bâtimens marchands, prêts à partir, leur demanderent escorte : ils la leur accorderent. Lorsqu'ils furent par le travers des Casquetes, ils rencontrerent deux vaisseaux Anglois de cinquante-deux piéces de canon chacun. Jean-Bart & le Comte de Forbin, voyant ces deux vaisseaux venir sur eux à pleines voiles, résolurent de se défendre & de faciliter à la flotte marchande qu'ils escortoient le moyen d'échapper. Ils armerent les trois plus forts vaisseaux marchands, prirent des Matelots sur les autres, leur donnerent ordre d'attaquer un des deux vaisseaux ennemis, afin de l'occuper pendant qu'ils combattroient contre l'autre. Jean-Bart attaqua un des vaisseaux Anglois; mais le vent devint calme, & lui fit faire un faux abordage; son beaupré s'embarrassa dans les haubants du vaisseau ennemi. Le Comte de Forbin vint promptement à son secours : Jean-Bart se dégagea ; ils attaquerent l'ennemi avec tant de fureur, qu'ils le forcerent d'abandonner son pont & le gaillard : ils se voyoient au moment de s'en rendre maîtres ; mais le second vaisseau Anglois vint à son secours ; les trois vaisseaux marchands, au lieu de lui livrer combat, avoient pris la fuite. Il attaqua les deux frégates Françoises, à la portée du fusil : le combat devint alors terrible. Forbin & Jean-Bart se battirent comme des lions, pour donner aux vaisseaux marchands le tems de s'enfuir. Presque tout l'équipage des deux frégates Françoises périt, les deux Capitaines furent blessés, enfin, obligés de se rendre : on les conduisit en Angleterre, d'où ils trouverent le moyen d'échapper, &

de revenir en France, comme il est dit dans la Vie de Jean-Bart (1).

Le Comte de Forbin se hâta d'aller à la Cour; y rendit compte de sa conduite, & fut reçu avec accueil par le Ministre qui le présenta au Roi. Sa Majesté les fit Capitaines de vaisseau Jean-Bart & lui; leur donna une gratification de quatre cents écus, pour les indemniser de la perte qu'ils avoient faite. Le Comte de Forbin se rendit ensuite à Brest, pour y servir sous son frère, en qualité de Capitaine en second. M. de Seignelai, Ministre de la Marine, s'y rendit peu après pour commander l'armée navale qu'on se préparoit à envoyer contre la flotte combinée des Anglois & des Hollan-

(1) Voyez sa Vie, pag. 24 & suiv. de la troisieme édition.

dois, qui croisoit aux environs de Belle-Isle. Ne l'ayant pas rencontrée, elle retourna à Brest, où elle désarma.

Le Comte de Forbin arma en course une frégate nommée la *Marseilloise*, & alla croiser à l'entrée de la Manche. Au bout de deux jours, il rencontra un vaisseau marchand d'Angleterre, l'aborda; mais la mer étoit si grosse, qu'il ne put rester acroché; la nuit survint, & le vaisseau Anglois échappa. Il s'éleva une tempête si terrible, que le vaisseau du Comte de Forbin pensa périr: il reçut un coup de mer si violent, que sa grande voile fut déchirée; que la chaloupe qui étoit sur le pont fut brisée; le navire fut rempli d'eau & jetté sur le côté. Les malades qui étoient entre les ponts furent noyés. L'équipage, saisi de frayeur, adressoit des vœux à tous les Saints du Paradis. Le Comte de Forbin leur crioit : « courage, mes enfans : tous ces vœux » sont bons ; mais, sainte pompe, » sainte pompe, c'est à elle qu'il faut » s'adresser : n'en doutez pas, elle » vous sauvera ».

Il fit ensuite faire voile de la misaine, pour voir si le vaisseau arriveroit. Son intention étant remplie, il fit crever le pont avec des pinces ; une partie de l'eau s'écoula ; le reste alla au fond de cale ; le navire se redressa, & commença à gouverner. Ne pouvant plus tenir la mer, il se rendit au port de *Ducanon* en Irlande, qui n'étoit pas en guerre avec la France, parce que Louis XIV, dans sa déclaration, n'avoit compris que l'Angleterre & l'Ecosse. De deux cens trente hommes qu'il avoit sur son vaisseau, en sortant de Brest, il ne lui en restoit que soixante-quinze : le reste étoit mort de fatigue, ou avoit été noyé. Ne pouvant continuer sa course avec si peu de monde, il chargea son vaisseau de cuir, de suif & de laine : il tira de cette cargaison douze mille livres de profit. Lorsqu'il arriva à Brest, tout le monde fut étonné, parce que la tempête avoit submergé une infinité de vaisseaux, & qu'on croyoit que le sien étoit du nombre.

L'année suivante, qui étoit 1690, il eut ordre de se rendre à Brest, où on lui donna le commandement du *Fidele*, vaisseau du Roi, qui faisoit partie de la flotte que commandoit M. le Maréchal de Tourville, & qui devoit aller dans la Manche chercher celle des Anglois & des Hollandois. Elle y alla effectivement ; attaqua les ennemis, & remporta ſur eux une victoire complette. Le Comte de Forbin pourſuivit un Vice-Amiral Hollandois à trois ponts, & le força de ſe faire échouer dans un petit port de la Manche. Lorſque l'armée navale de France fut rentrée dans ſes ports, Forbin ſe rendit à Dunkerque, lieu de ſon département. M. de Pontchartrain, qui avoit ſuccédé à M. de Seignelai dans le miniſtere de la Marine, y envoya ordre d'armer huit gros vaiſſeaux, mais on ne put les faire ſortir du port, parce qu'il étoit bloqué par une flotte ennemie. Jean-Bart, qui étoit à Dunkerque, forma le projet d'armer une eſcadre de petits vaiſſeaux, & de paſſer par les intervalles de ceux des ennemis : le Comte de Forbin approuva ſon projet : ils dreſſerent un mémoire; l'envoyerent au

Miniſtre qui leur accorda ce qu'ils demandoient. L'armement étant achevé, ils mirent à la voile pendant la nuit; paſſerent par les intervalles des vaiſſeaux ennemis. Le lendemain, ſur le ſoir, ils apperçurent quatre vaiſſeaux, les envoyerent reconnoître. On leur rapporta que c'étoient trois vaiſſeaux marchands Anglois, eſcortés par un vaiſſeau de guerre de la même nation, & de quarante-quatre canons : ils attaquerent le vaiſſeau de guerre, l'enleverent & prirent les vaiſſeaux marchands. Ils chargerent une de leurs frégates de conduire ces vaiſſeaux à Bergue en Norvége, parce que la France étoit en paix avec le Danemark. Deux jours après, ils rencontrerent la flotte des pêcheurs de harangs, eſcortée par un vaiſſeau de guerre Hollandois : ils enleverent le vaiſſeau de guerre, & tous les autres ſe rendirent : ils mirent les équipages ſur leurs frégates ; brûlerent ces bâtimens, & débarquerent peu après les priſonniers ſur les côtes d'Angleterre. Se trouvant, peu de jours après, ſur les côtes d'Ecoſſe, ils y firent une deſcente, pillerent & brûlerent pluſieurs villages. Le mauvais tems ſépara le Comte de Forbin de l'eſcadre Françoiſe : il ne la rejoignit qu'à Bergue, où étoit le rendez-vous. Dans ſa route il brûla quatre bâtimens Anglois. Lorſqu'il fut arrivé à Bergue, il ſe hâta d'acheter des proviſions, & ſe rendit à Dunkerque avec Jean-Bart (1). En y arrivant, ils reçurent un ordre du Roi d'aller à la Cour pour rendre

(1) Voyez la Vie de Jean-Bart, troiſieme édition, pag. 46 & ſuiv.

compte de leur conduite. Ils obéirent, & reçurent un accueil très-favorable du Roi & du miniſtre : mais Jean-Bart attira ſur lui toute l'attention de la Cour, comme nous l'avons dit dans la Vie de ce grand homme. Le Comte de Forbin en conçut du dépit : il l'annonce lui-même dans ſes mémoires. Il demanda qu'on lui permît de quitter le département de Dunkerque, & d'aller dans celui de Breſt, afin qu'il n'eût plus la mortification de ſervir avec un homme qui l'éclipſoit entierement. On eſt fâché de trouver ces taches dans la vie des grands hommes ; mais les loix de l'hiſtoire exigent qu'on les montre.

Lorſque le Comte de Forbin fut arrivé à Breſt, il monta le vaiſſeau nommé *la Perle*, alla joindre l'armée navale que commandoit M. de

Tourville, & qui alloit chercher celle des ennemis dans la Manche. Le projet que Louis XIV avoit formé de rétablir la Maiſon de Stuart ſur le trône d'Angleterre, étoit connu dans toute l'Europe. Le Roi Jacques II s'étoit déja rendu à la Hogue, & étoit à la tête de vingt mille hommes. Il n'attendoit, pour s'embarquer, que le ſuccès de la bataille que M. de Tourville avoit ordre de livrer aux flottes combinées des Anglois & des Hollandois. On voit les détails de cette action dans la Vie du Maréchal de Tourville, qui fait partie de cette collection. Nous dirons ſeulement ici que le Comte de Forbin y donna des preuves de valeur & de capacité : il y fut bleſſé au genou, & ſe rendit à Saint-Malo avec une partie de l'armée navale de France. Lorſque ſon vaiſſeau fut radoubé, il alla, avec Messieurs Desoges & d'Ivri, croiser à l'entrée de la Manche. Ils y rencontrerent une flotte Hollandoise escortée par deux vaisseaux de guerre. Ils prirent les deux vaisseaux de guerre à l'abordage; enleverent trois vaisseaux marchands, & allerent à Brest avec leurs prises. M. de Forbin y trouva le Matelot Ostendois, parent de Jean-Bart, qui, comme on le voit dans la Vie de ce dernier, pag. 26 & suiv. de la troisieme édition, leur avoit fourni les moyens de sortir des prisons de Plimouth, & de repasser en France: il avoit été fait prisonnier par un vaisseau François. M. de Forbin s'intéressa pour lui; lui fit rendre la liberté, & lui donna dix louis pour retourner dans son pays.

Le Comte de Forbin voyant que sa blessure devenoit de jour en jour plus dangereuſe, demanda la permiſſion d'aller dans ſa famille. A l'ouverture de la campagne, il retourna à Breſt, monta encore la *Perle*, joignit l'armée du Maréchal de Tourville, & l'accompagna dans l'expédition qu'il fit aux environs du détroit de Gibraltar. On en trouve les détails dans la Vie du Maréchal.

Le bruit s'étant répandu que les ennemis ſe diſpoſoient à faire une deſcente aux environs de Bayonne, la Cour envoya ordre au Comte de Forbin de s'y rendre & de commander la Marine. Il fit tous les préparatifs néceſſaires pour tenir cette place en état de défenſe : mais ces préparatifs furent inutiles; les ennemis ne parurent pas.

Au commencement de la campagne de 1695, on donna au Comte de Forbin le commandement d'un vaiſſeau nommé le *Marquis*, & on lui ordonna d'aller avec M. Pallas, Capitaine de vaisseau, escorter une flotte marchande qui étoit destinée pour le Levant. Ils la conduisirent jusqu'à l'entrée de l'Archipel. Etant près de *Corigo*, ils apperçurent un vaisseau qui venoit à eux, en approcherent pour lui parler; mais il leur lâcha toutes ses bordées & tout le feu de sa mousqueterie. Ils virent alors qu'ils avoient à faire à un vaisseau de guerre Hollandois, qui étoit à trois ponts. Le Comte de Forbin proposa à M. Pallas d'aller à l'abordage. Mais celui-ci lui répondit que la mer étoit trop grosse, & qu'un abordage seroit dangereux; qu'il falloit continuer à lâcher des bordées sur le vaisseau ennemi, qui étoit déja fort endommagé, & ne pouvoit par conséquent pas tarder à se rendre. Le Comte de Forbin fut obligé de ſuivre l'avis de M. Pallas, qui commandoit les deux vaiſſeaux, & le combat recommença. Le Comte de Forbin voyant que le vaiſſeau ennemi lui tuoit beaucoup de monde, & n'ayant lui-même échappé à la mort que par une eſpece de miracle, céda à ſon impétuoſité naturelle, alla à l'abordage, & l'enleva après un combat aſſez opiniâtre. Il le remorqua juſqu'à l'iſle de Cephalonie. C'étoit un vaiſſeau de guerre chargé en marchandiſes. Il étoit à trois ponts, portoit ſoixante-huit piéces de canon, & deux cens ſoixante hommes d'équipage. Il venoit de Smyrne, & ſa cargaiſon valoit plus de deux millions. Parmi les priſonniers, il ſe trouva une dame de *Genéve*, âgée d'environ dix-huit ans. M. de Forbin dit dans ſes Mémoires qu'elle étoit d'une beauté raviſſante. Lorſqu'elle parut devant lui, elle avoit un air de triſteſſe qui donnoit encore de l'éclat à ſa beauté. Le Comte de Forbin eut pour elle cette politeſſe, ces attentions qu'un Gentilhomme François ne manque jamais d'avoir pour une femme, & principalement lorſqu'elle réunit toutes les graces de ſon ſexe. Il chercha à calmer ſes inquiétudes, lui dit que le reſpect qu'il ſe devoit à lui-même étoit le gage de celui qu'on auroit pour elle. Il ordonna qu'on cherchât ſon mari, & leur fit donner une chambre particuliere.

Pluſieurs Matelots avertirent le Comte que cette dame avoit caché dans ſa coëffe des perles & des pierreries d'un très-grand prix; qu'elles lui avoient été confiées par des Juifs qui s'étoient embarqués avec elle, & qui étoient dans le vaiſſeau qu'il avoit pris. Les Matelots ajouterent qu'il ne devoit pas négliger cet avis, & qu'il avoit un bon coup à faire. Il leur jetta un regard d'indignation, leur dit : » Si cette dame a des pierreries d'un » prix considérable dans sa coëffe, c'est » un bonheur pour elle ou pour ceux » qui les lui ont confiées. Apprenez » qu'un homme tel que moi est inca» pable des bassesses que vous osez me » proposer ». Sitôt qu'il fut arrivé à Cephalonie, il renvoya cette dame avec son mari. Il se souvint qu'on lui avoit dit que Constance, ce Ministre de Siam dont nous avons parlé, étoit de Cephalonie : il demanda des nouvelles de sa famille, & apprit qu'il y avoit un de ses freres au village de la *Custode*. Il y alla, dit à cet homme que son frere Constance avoit envoyé à Paris des sommes très-considérables par le Pere Tachard; qu'il pouvoit les réclamer. Le Comte de Forbin en avoit été instruit par Constance même, qui lui avoit ajouté qu'il comptoit aller s'établir en France, si ses affaires prenoient une mauvaise tournure à Siam. Le Comte de Forbin prit le frere de Constance sur son bord, le conduisit à Paris, où il recueillit la succession de son frere.

Au commencement de la campagne de 1696, M. de Forbin eut ordre d'armer deux vaisseaux, & d'aller croiser sur la Méditerranée, pour donner la chasse aux corsaires ennemis, & couvrir le commerce. Il eut encore ordre d'aller mouiller devant Alger, pour engager les habitans à entretenir la paix avec la France; de se rendre ensuite à Cephalonie pour ramener la prise qu'il avoit faite l'année précédente, & qu'il y avoit laissée. En allant à Alger, il prit un vaiſſeau Anglois aſſez richement chargé, & l'envoya à Toulon. Lorſqu'il fut devant Alger, pluſieurs eſclaves Chrétiens allerent, pendant la nuit, ſe réfugier dans le vaiſſeau qu'il montoit. Comme il étoit peu avancé dans la rade, ils avoient été obligés de nager fort long-tems pour le joindre, & étoient plus morts que vifs. Beaucoup d'autres avoient voulu les ſuivre; mais il s'en étoit noyé un très-grand nombre, & les autres imploroient ſon ſecours d'un ton ſi lamentable, qu'ils exciterent ſa pitié. Il deſiroit de les ſauver; mais il ne ſavoit comment s'y prendre pour ne pas violer les différens traités qu'on avoit faits avec les Algériens, par leſquels il n'étoit pas permis d'envoyer des chaloupes pour favoriſer la fuite de leurs eſclaves.

Voulant remplir ce que l'humanité lui dictoit, & secourir ces malheureux; il fit mettre dans son canot quatre cens brasses de corde, ordonna au Patron de filer vers les endroits d'où il entendroit crier; & en cas qu'il fût découvert par les chaloupes des Algériens qui croisoient toujours dans la rade, pour empêcher la fuite des esclaves, il lui dit de mettre les avirons dans le canot, de se haler sur son amare, & qu'on l'attireroit à bord. Les chaloupes Algériennes apperçurent effectivement le canot, & lui donnerent la chasse: mais, en suivant la manœuvre que le Comte de Forbin lui avoit indiquée, il leur échappa, & amena à bord plusieurs esclaves qu'il avoit eu le tems de ramasser. Les Algériens aborderent le vaisseau françois, & redemanderent les esclaves qu'on y avoit reçus.

Mais M. de Forbin leur répondit que tout ce qui étoit sur les vaisseaux du Roi de France étoit libre; que d'ailleurs ils devoient mieux garder leurs esclaves. Il mit ensuite à la voile, & alla croiser sur la Méditerranée. Voyant qu'il n'y rencontroit aucun vaisseau ennemi, il alla désarmer à Marseille.

L'année suivante, qui étoit 1697, il eut ordre de la Cour de monter un vaisseau nommé l'*Heureux retour*, & de suivre M. le Comte d'Estrées, qui devoit commander l'armée navale destinée pour le siége de *Barcelone*, où M. le Duc de Vendôme devoit commander en chef. Ce siége fut fort long & très-meurtrier; mais la ville fut obligée de capituler, & le Comte de Forbin retourna à Toulon avec la flotte, qui désarma. Le Comte d'Estrées l'envoya à Gênes pour prendre ſous ſon eſcorte pluſieurs vaiſſeaux marchands qui y avoient relâché. La paix ayant été conclue à Riſvick, le Comte de Forbin alla dans ſa famille ſe repoſer de ſes fatigues. Au bout de quelques mois, il ſe rendit à Verſailles pour faire ſa cour au Miniſtre. Le Chevalier de la Rongere s'y étoit auſſi rendu pour le même motif. Se trouvant fort échauffés, ils burent de l'eau tiéde. Soit que cette eau fût gâtée, ſoit qu'ils fuſſent déja indiſpoſés, ils furent attaqués d'une fievre violente. Le Cardinal de Janſon en fut informé, & conduiſit ſon Médecin chez le Comte de Forbin, qui, comme nous l'avons déja dit, étoit ſon parent. Le Médecin ordonna la ſaignée ; mais le Comte refuſa conſtamment de ſuivre ſon ordonnance. Il fit diete, but beaucoup d'eau, prit beaucoup de lavemens,

& fut guéri au bout de vingt-quatre heures. Le Chevalier de la Rongere se mit entre les mains des Médecins : ils le saignerent, le purgerent & le conduisirent au tombeau. Je laisse les réflexions au Lecteur. Le Roi ordonna de distribuer plusieurs croix de Saint Louis dans la Marine, & fit l'honneur au Comte de Forbin de le recevoir Chevalier dans sa chambre, avec les cérémonies accoutumées.

Peu de tems après, on arma à Brest une escadre de neuf vaisseaux, pour aller dans la Méditerranée, sous les ordres du Marquis de Villars, frere du Maréchal, afin de protéger le commerce de France contre les Corsaires de Barbarie. Le Comte de Forbin monta un de ces vaisseaux, nommé le *Téméraire*. Cette escadre resta plusieurs mois en croisiere sur cette mer, & intimida

intimida tellement les Corsaires, qu'ils n'oserent sortir. Au commencement de l'hiver, elle alla désarmer à Toulon. Pendant le séjour que le Comte de Forbin y fit, il lui arriva une aventure fort désagréable. Une jeune demoiselle avec laquelle il entretint un commerce de galanterie voulut le forcer à l'épouser, l'accusa du crime de rapt, & le cita en Justice. Comme elle étoit noble, elle trouva des protections très-fortes. Mais le Comte de Forbin n'étoit pas le seul pour qui elle avoit des foiblesses ; il le prouva : & de l'éclat qu'elle avoit eu l'imprudence de faire, elle n'en retira que la honte d'avoir instruit le public qu'elle avoit perdu son honneur.

La guerre s'étant allumée en 1702 entre la France & l'Empire, Louis XIV fit passer des troupes dans le Milanez,

& le Prince Eugene s'y rendit avec une armée formidable : mais comme il ne trouvoit pas de quoi la faire ſubſiſter dans ce pays, il étoit obligé de tirer des vivres de la Croatie, & principalement des villes de *Fiumes*, de *Trieſte*, de *Boucari* & de *Seigna*, ſituées ſur le bord de la mer Adriatique. La Cour envoya ordre au Comte de Forbin de monter une frégate de ſeize canons, de ſe joindre à M. Clairon, qui en montoit une de huit, d'aller croiſer dans le golfe Adriatique, pour empêcher ces villes de fournir des ſecours à l'armée du Prince Eugene. Cette commiſſion étoit fort difficile à remplir. Il falloit, d'un côté, empêcher les ennemis de recevoir les vivres dont ils avoient beſoin ; & d'un autre, ménager les Vénitiens, qui ne s'étoient point encore déclarés pour l'Empereur, mais qui fournissoient secretement des secours à son armée.

Le Comte de Forbin vit avec plaisir que la Cour lui présentoit un moyen de se distinguer, & en même-tems de se dérober aux poursuites que les parens de la demoiselle dont nous venons de parler faisoient contre lui. Il alla avec sa conserve mouiller à Brindes, prit pavillon Espagnol, comme il en avoit reçu l'ordre, & entra dans le golfe. M. Clairon fit mettre son canot à la mer, se rendit, avec une partie de son équipage, à une petite isle nommée *Querché*, qui appartient aux Vénitiens, alla à l'Eglise pour entendre la messe; mais il fut massacré par les Impériaux, avec tous les François qui l'accompagnoient, à l'exception de six Matelots qu'une vieille femme cacha dans un four. A cette nouvelle, le Comte de Forbin fit voile vers l'isle de *Querché*, alla chez le Gouverneur, lui dit que le Roi de France n'apprendroit qu'avec indignation qu'on avoit assassiné plusieurs de ses sujets sur les terres de la République; dans un village très-peuplé; dans une Eglise, où le respect humain, plus encore celui qui est dû à l'Etre suprême, devoient faire leur sûreté. N'ayant pas reçu du Gouverneur une réponse satisfaisante, il alla à Venise pour annoncer au Comte de Charmon, Ambassadeur de France auprès de la République, le malheur arrivé au sieur Clairon & aux autres François qui étoient avec lui. Mais son Excellence en étoit déja instruite. Le Comte lui dit qu'il ne pourroit rendre aucun service à la France dans le golfe si on ne lui permettoit pas d'arrêter les vaisseaux de la République qu'il trouveroit chargés de vivres pour l'armée du Prince Eugene. L'Ambassadeur lui répondit qu'il ne pouvoit changer les ordres de la Cour, mais qu'il s'adressât à l'Ambassadeur d'Espagne & au Cardinal d'Estrées, qui, en sortant du conclave, après l'élection de Clément XI, avoit reçu ordre de la Cour de France de se rendre à Venise, pour engager la République à observer la neutralité.

Le Cardinal trouva mauvais que le Comte de Forbin ne se fût pas d'abord adressé à lui ; trompé d'ailleurs par les promesses des Vénitiens, il lui dit, d'un ton assez sec, qu'il se mêloit de trop de choses à la fois ; qu'il devoit se contenter de suivre les instructions qu'il avoit reçues ; qu'au reste, il devoit savoir que c'étoit à lui qu'il falloit s'adresser quand il y avoit quelque chose de nouveau, puisqu'il étoit chargé de toutes les négociations.

Le Comte informa la Cour de la conduite des Vénitiens, & de la réponse que le Cardinal d'Estrées lui avoit faite, se rembarqua & continua à croiser dans le golfe Adriatique. Peu après, il fut joint par deux frégates Françoises, l'une commandée par M. de Beaucaire, l'autre par M. de Fongis. Les Vénitiens, qui étoient entierement dévoués aux intérêts de l'Empereur, envoyerent ordre dans tous leurs Ports de refuser l'entrée aux vaisseaux que commandoit le Comte de Forbin, ce qui le mit dans l'embarras, parce que les vivres commençoient à lui manquer : mais le Cardinal de Janson lui en fit envoyer d'Ancone.

Les Ports de la République étant

fermés à ses vaisseaux, il étoit obligé de mouiller tous les soirs pour se garantir des coups de vent qui regnent ordinairement sur la mer Adriatique, & de faire tenir ses équipages sous les armes, parce que les ennemis avoient armé plusieurs vaisseaux à rames qui suivoient son escadre par-tout, & la harceloient toutes les nuits.

Il croisa fort long-tems dans le golfe Adriatique, ne prit qu'un vaisseau Impérial, & deux barques chargées de sel. Les Vénitiens profitoient de la neutralité pour servir les Impériaux : ils leur envoyoient des vivres sur leurs vaisseaux. Le Comte écrivit au Cardinal d'Estrées & à l'Ambassadeur, pour leur faire connoître la mauvaise foi des Vénitiens, & les prier d'engager la République à donner des patentes à ses vaisseaux, afin qu'il les distinguât de ceux des ennemis. Les Vénitiens, qui vouloient favoriser les Impériaux, sans paroître contrevenir à la neutralité, refuserent de donner ces patentes; ils sentoient qu'on pourroit découvrir par-là leur mauvaise foi, & refuserent absolument d'accorder ce qu'on leur demandoit. Le Cardinal d'Estrées & l'Ambassadeur lui répondirent qu'il pouvoit continuer sa mission, sans se mêler d'autre chose. Le Comte voyant qu'on ne vouloit ni écouter ses représentations ni suivre ses conseils; résolut de donner un peu d'extension à sa commission, espérant que la Cour ne lui en sauroit pas mauvais gré. Il arrêta plusieurs bâtimens Vénitiens, & fit jeter à la mer les provisions de bouche & de guerre qu'il y trouva. Ceux à qui les bâtimens appartenoient allerent à Venise se plaindre de la violence qu'on leur avoit faite dans leur mer. Le Sénat se plaignit à l'Ambassadeur de la conduite que l'on tenoit avec les sujets de la République. Ce Ministre en informa la Cour. Le Roi sentit qu'une guerre ouverte avec les Vénitiens ne lui seroit pas plus préjudiciable qu'une neutralité si mal observée. Il ordonna qu'on mandât à son Ambassadeur à Venise qu'il désapprouvoit la conduite du Comte de Forbin ; mais il défendit de faire des reproches à cet Officier, ordonna même qu'on le laissât continuer.

Le Comte de Forbin sentit que le silence que la Cour gardoit avec lui étoit une preuve qu'elle approuvoit sa conduite. Il alla plus loin, ne se contenta pas de jeter à la mer les vivres & les munitions de guerre, il brûla les vaisseaux, & en ressentit d'autant plus de ſatisfaction, qu'il puniſſoit les Vénitiens de leur trahiſon à l'égard de la France, vengeoit la mort de M. Clairon & de ſon équipage, ſe vengeoit lui-même des duretés qu'il avoit eſſuyées de leur part. Ayant appris qu'un nombre conſidérable de vaiſſeaux & de barques devoient bientôt ſortir de Trieſte pour tranſporter à l'armée du Prince Eugene des munitions & un nombre conſidérable de ſoldats, il alla bloquer ce Port avec ſon eſcadre, & empêcha que rien n'en ſortît. L'Ambaſſadeur de l'Empereur à Veniſe inſtruit que l'armée du Prince Eugene avoit le plus grand beſoin de munitions & de renfort, fit travailler en ſecret à l'armement d'un vaiſſeau Anglois de cinquante piéces de canon, qui ſe trouvoit par haſard dans le Port de Veniſe. On ſe propoſoit de l'envoyer, ſitôt qu'il ſeroit prêt, avec une frégate de vingt-ſix canons, attaquer l'eſcadre du Comte de Forbin, & la forcer d'abandonner le blocus de Trieſte. Le Comte en fut inſtruit par des eſpions qu'il avoit à Veniſe. Il écrivit au Cardinal d'Eſtrées, lui repréſenta qu'il n'avoit que ſeize canons ſur ſon bord; qu'une de ſes frégates n'en avoit que douze & l'autre dix; que les deux vaiſſeaux que l'Ambaſſadeur de l'Empire faiſoit armer à Veniſe étant beaucoup plus forts que les ſiens, il leur ſeroit aiſé de le forcer de ſortir du golfe; qu'ils pourroient enſuite fournir au Prince Eugene tous les ſecours dont il auroit beſoin. Il ajouta qu'il y avoit un remede; c'étoit d'aller brûler dans le Port le plus gros de ces vaiſſeaux, & qu'il le feroit ſi on vouloit lui en donner la permiſſion. Le Cardinal lui répondit de remplir sa mission, sans se mêler de ce qui se passoit à Venise. Peu de tems après, l'Ambassadeur de France reçut le même avis que le Chevalier de Forbin sur l'armement du vaisseau Anglois & de la frégate. Il en parla au Cardinal, & l'engagea à aller avec lui en porter des plaintes au Sénat. On leur répondit qu'il falloit faire sortir le Comte de Forbin du golfe, & qu'on se chargeroit alors d'empêcher les Vénitiens de porter du secours au Prince Eugene.

Le Roi ne tarda pas à être informé de ce qui se passoit à Venise. Il fit faire à Toulon un armement considérable, en donna le commandement au Comte de Toulouse, avec ordre de se rendre à Messine, & d'aller au secours du Comte de Forbin, s'il apprenoit que les ennemis marchassent à lui avec des forces supérieures. Le Cardinal d'Estrées, qui ignoroit les dispositions de la Cour, & qui croyoit que les Vénitiens feroient à l'avenir de meilleure foi qu'ils n'avoient été par le passé, envoya dire au Comte de Forbin de sortir du golfe, & de se retirer à Brindes. Le Comte sentit combien toutes ces contradictions étoient nuisibles au service du Roi; mais il avoit reçu ordre de la Cour d'obéir aveuglément aux ordres du Cardinal. Il vit avec douleur qu'on le mettoit dans le cas de manquer une occasion d'être utile à la France, & de se signaler. Il se rendit à Brindes.

Le Ministre de l'Empereur & les Vénitiens n'avoient desiré l'éloignement du Comte de Forbin que pour dégager le convoi qu'il tenoit enfermé dans Trieste. Trois jours après son départ, les Impériaux firent entrer dans le Port de Venise plusieurs bateaux chargés de Soldats & de Matelots, en formerent l'équipage du vaisseau Anglois, qui arbora sur le champ le pavillon de l'Empereur, & salua l'Amiral de Venise, qui lui rendit le salut. Ce vaisseau sortit ensuite du Port de Venise, prit la route de Trieste. Le Cardinal d'Estrées sentit enfin qu'il avoit eu tort de ne pas écouter les avis du Comte de Forbin. Il se plaignit au Sénat de la conduite que la République tenoit à l'égard de la France. On lui répondit froidement qu'on n'avoit pu empêcher l'Ambassadeur de Sa Majesté Impériale de faire cet armement dans le Port. Outré d'une réponse qui lui annonçoit le peu de cas qu'on faisoit de ses plaintes, il envoya ordre au Comte de Forbin de revenir promptement dans le golfe, & d'aller prendre ou brûler le vaisseau que l'Ambassadeur de l'Empereur avoit fait armer. Pendant qu'il faisoit ses préparatifs pour exécuter ces ordres, il fut joint par une frégate de cinquante canons, remplie de bombes, & sur laquelle on avoit fait passer des Bombardiers expérimentés : elle étoit commandée par M. Resson des Chiens. Le Comte de Forbin renvoya les deux petites frégates qui l'avoient accompagné, monta celle qui venoit d'arriver, & donna le commandement de la sienne à M. des Chiens, rentra dans le golfe avec l'intention de chercher le vaisseau que l'Ambassadeur de l'Empereur avoit fait équiper, de l'attaquer par-tout où il le trouveroit, de le brûler, s'il étoit possible, & d'arrêter tous les bâtimens Vénitiens qu'il trouveroit sans patentes,

Il rencontra d'abord une flotte chargée de bled que les Vénitiens & les Impériaux conduisoient à l'armée du Prince Eugene. Il en prit huit vaisseaux, envoya vendre le bled à Brindes. Il ne se passoit pas un jour qu'il ne leur en prît quelqu'un. Il faisoit dépouiller les équipages par ses Matelots, les renvoyoit dans leurs barques, & brûloit les vaisseaux. Dans très-peu de tems, il en brûla au moins vingt-cinq. Un jour il rencontra une frégate Vénitienne de cinquante canons qui alloit à *Bouccari*, ville soumise à l'Empereur. Quoiqu'elle eût des patentes, il la brûla, parce qu'on lui avoit assuré qu'elle n'alloit à Bouccari que pour prendre un certain nombre de Soldats qui lui étoit nécessaire pour fortifier son équipage. Cet incendie jeta la consternation dans Venise, & le vaisſeau que l'Ambaſſadeur de l'Empereur avoit fait conſtruire rentra dans le Port. Le Comte de Forbin inſtruit de tout ce qui ſe paſſoit, prit la réſolution d'aller l'y brûler. Il fit venir à bord M. des Chiens, lui communiqua ſon projet. Aux repréſentations que cet Officier lui fit, il répondit : « Je » haſarde moins que vous ne croyez. » Je vais attaquer, à la vérité, au » milieu d'un Port un vaiſſeau entouré » d'une infinité de bâtimens qui ſe » réuniront tous pour le défendre ; » mais faites attention que ces gens-là » ne ſongent pas à moi ; qu'ils me » croient fort éloigné de Veniſe.

» En arrivant, je trouverai tous les » bâtimens vuides de Matelots & de » Soldats, même celui que je veux » brûler. Les équipages, qui ne ſe dou» tent de rien, ou dormiront ou ſeront

» à terre à se réjouir dans des cabarets.
» Le vaisseau des Impériaux est dans le
» Port amaré à quatre amares, & par
» conséquent hors d'état de manœu-
» vrer pour se mettre à l'abri d'une
» surprise. D'ailleurs, son équipage
» n'est composé que de gens ramassés
» à la hâte, & peu aguéris.

» Quand même nous serions ap-
» perçus, nous n'avons affaire qu'à des
» peuples timides & incapables d'une
» entreprise hardie. Soyez certain que
» nous ne risquons rien à les aller atta-
» quer, car ils ne croiront jamais que
» nous aurons la hardiesse d'aller brûler
» un vaisseau dans leur Port, à la vue
» d'une prodigieuse quantité de ga-
» leasses, de galeres, de galiotes & de
» brigantins sur lesquels ils se reposent.
» Si je suis assez heureux pour que le
» beau tems continue, je suis presque

» sûr de réussir. Enfin, l'honneur de » la Nation demande que ce vaisseau » périsse ».

M. des Chiens goûta ses raisons, & le pria de lui confier le soin de cette entreprise, lui dit qu'un Commandant ne devoit s'exposer que dans un extrême besoin. Le Comte lui répondit : » Je n'ai jamais douté de votre cou- » rage ; mais je desire trop ardemment » la réussite de mon projet pour en » confier l'exécution à un autre. Si » vous ne réussissiez pas, je croirois » avoir lieu de me plaindre de vous ; » & s'il vous arrivoit quelque fâcheux » accident, on me blâmeroit de vous » avoir exposé, & d'être resté à l'abri » du danger. Je veux y aller moi-même. » J'ai prié le Cardinal de Janson d'en- » gager le Vice-Roi de Naples à m'en- » voyer douze cens Soldats & quatre

» galeres. Mon projet eſt d'attaquer les » Ports de l'Empereur, & de les dé» truire. J'ai remarqué qu'ils ſont tous » ſans défenſe. Voilà mon plan. Vous » le ſuivrez, s'il m'arrive quelque acci» dent ».

Il fit mettre en mer ſes deux chaloupes & ſon canot, y mit cinquante hommes dont il connoiſſoit la bravoure, leur donna des cocardes blanches, afin qu'ils ſe reconnuſſent lorſqu'ils ſeroient à bord de l'ennemi, & partit. La mer étoit calme, l'air pur; la lune l'éclairoit. En entrant dans le Port, il rencontra un petit bateau dans lequel étoient deux hommes qui pêchoient. Pour qu'ils ne le reconnuſſent pas, il feignit d'être de l'eſcorte du vaiſſeau qu'il vouloit brûler, leur en fit demander des nouvelles par un Italien qui étoit dans ſon équipage.

Pour mieux les tromper, il ajouta qu'ils avoient été pris & dépouillés par les François. Ces deux pêcheurs s'écrierent : *Ah le chien de Comte de Forbin!* & dirent que le vaisseau qu'ils cherchoient étoit plus loin; qu'il falloit qu'ils avançassent pour le joindre. Le Comte rencontra ensuite une assez grande quantité de petites voiles qui sortoient du Port par un vent de terre ; mais elles passerent sans faire attention à lui. Il avança & reconnut le vaisseau qu'il cherchoit à un grand lion doré qui étoit sur la poupe, & qu'on lui avoit indiqué. En abordant le vaisseau ennemi, il s'apperçut que les sabords de la *Sainte Barbe* étoient ouverts ; il y fit entrer son maître Nocher & deux Soldats. Ils tuerent d'abord cinq à six hommes qui se présenterent à eux étant encore à moitié endormis. A l'instant, le Comte monta à bord, en criant : *tue, tue*. Il fut bientôt suivi par ses Soldats, qui tuerent plusieurs ennemis qui étoient accourus au bruit, sans armes, même en chemise. Il s'empara de la grand'chambre où sont ordinairement les armes des vaisseaux de guerre, tua tous ceux qui vouloient s'opposer à son passage, se rendit maître du château du devant, alla dans la chambre du conseil, où le Capitaine du vaisseau, son gendre & deux de ses fils s'étoient retirés, & se défendoient avec beaucoup de vigueur. Il fit fendre la cloison avec une hache, jeta plusieurs grenades dans la chambre, & força ceux qui étoient dedans de se rendre. La plupart des Matelots ennemis qui étoient entre les ponts, se jetterent à la mer par les sabords, & se sauverent à la nage. Se voyant maître du vaisſeau, il fit crier qu'il donneroit quartier à ceux qui ſe rendroient. Vingt-ſept hommes qui étoient au fond du vaiſſeau vinrent ſe rendre. Il les fit paſſer dans ſon canot, avec le Capitaine, ſon gendre & ſes deux fils. Voyant qu'il ne ſe préſentoit plus perſonne, il fit mettre le feu à trois endroits du vaiſſeau avec des chemiſes ſoufrées qu'il avoit eu ſoin d'apporter. Lorſqu'il vit que le feu commençoit à gagner le corps du vaiſſeau, il ſe rembarqua.

Dans un inſtant le vaiſſeau fut embraſé : les canons qui étoient chargés à boulets, tirerent à droite & à gauche; le feu prit aux poudres, fit éclater le vaiſſeau avec un fracas terrible : l'alarme ſe répandit dans le port & dans toute la ville. Les Magiſtrats s'aſſemblerent : l'Ambaſſadeur de France, effrayé du tumulte, ſe renferma dans ſon palais. Le Cardinal d'Eſtrées triomphoit : il ſe voyoit vengé de la mauvaiſe foi des Vénitiens. Il ſe hâta d'écrire au Comte pour lui marquer la ſatisfaction qu'il goûtoit. L'Ambaſſadeur lui écrivit ſur un ton tout différent : il l'accabla de reproches, & alla juſqu'à lui marquer que, pour acquérir de la gloire, il l'avoit expoſé à être aſſaſſiné par le peuple, auſſi-bien que tous les François qui étoient à Veniſe. Le Comte, piqué de voir qu'au lieu des louanges qu'il méritoit, on lui faiſoit des reproches, envoya cette réponſe à l'Ambaſſadeur : « Vous » êtes tranquille & en ſûreté dans votre » cabinet, & j'expoſe tous les jours » ma vie pour le ſervice du Roi. Loin » de m'attendre aux reproches que je » reçois, j'eſpérois que vous me ſauriez gré d'avoir mortifié une Répu-

» blique

» blique qui observe si mal ce qu'elle a » si souvent & si solemnellement pro» mis. Je suis fâché de voir que votre » Excellence n'approuve pas mon » action ; mais je la regarde comme » tellement utile au service du Roi & » à l'honneur de la nation, que si ce » vaisseau existoit encore, je me croi» rois obligé de tout entreprendre pour » le détruire ».

La frayeur de l'Ambassadeur étant calmée, il lui écrivit une seconde lettre, dans laquelle il lui fit beaucoup d'excuses ; lui donna de grands éloges, & finit par le prier d'oublier sa premiere.

Aller brûler un vaisseau de guerre au milieu d'un port, & environné d'une multitude d'autres vaisseaux, c'est le comble du courage & de l'adresse en même-tems : mais que ne peut pas un François animé du desir de servir sa patrie ? L'histoire donne sans cesse des leçons. Dans cette conjecture-ci elle avertit les gens de guerre de se tenir toujours sur leurs gardes, pour n'être pas surpris par l'ennemi qui peut l'attaquer par-tout & à chaque instant.

L'action du Comte de Forbin fut bientôt publiée dans toute l'Europe, où l'on fit retentir son éloge. Les Vénitiens en furent tellement irrités, qu'ils dirent au Cardinal d'Estrées que cet acte d'hostilité étoit intolérable ; que la République en tireroit satisfaction ; que son honneur demandoit qu'elle se vengeât des François qui avoient osé venir brûler, dans son port & sous les yeux du Sénat, un vaisseau de leurs amis & de leurs alliés. Le Cardinal répondit qu'il n'étoit point homme de guerre ; qu'il ignoroit les raiſons qui avoient donné lieu à l'expédition dont ils ſe plaignoient ; qu'ils pouvoient envoyer à bord du Comte de Forbin, qui leur donneroit des éclairciſſemens. Le Sénat députa au Comte de Forbin un noble Vénitien, qui ſe rendit à ſon bord avec le Conſul François. Après les premieres civilités, le Député lui dit qu'on l'avoit envoyé pour ſavoir les raiſons pour leſquelles il s'obſtinoit, depuis ſi long-tems, à outrager la République qui ne lui avoit fourni aucun ſujet de ſe plaindre ; qu'il avoit en outre ordre de s'informer des motifs qui l'avoient engagé à arrêter tous les vaiſſeaux de la République qu'il rencontroit ſur la mer Adriatique ; enfin pourquoi il étoit allé juſques dans ſon port brûler un vaiſſeau qui appartenoit à ſes alliés, & qui étoit

ſous ſa protection. Le Comte de Forbin l'écouta avec tranquillité, & lui répondit en ces termes : « Mon-
» ſieur, le Roi, mon maître, m'a en-
» voyé dans le golfe Adriatique pour
» le bien de ſon ſervice, & m'a or-
» donné de prendre le pavillon du
» Roi d'Eſpagne à qui les côtes du
» royaume de Naples appartiennent
» inconteſtablement.

» Mes inſtructions ne me permettent
» que d'attaquer les vaiſſeaux des en-
» nemis du Roi ; auſſi ne ſuis-je venu
» que comme dans un pays ami,
» croyant n'avoir à faire qu'aux Im-
» périaux, s'ils entreprenoient quelque
» choſe de contraire aux intérêts de
» Sa Majeſté.

» Cependant, à peine ſuis-je entré
» dans le golfe, qu'un de mes Capi-
» taines & trente hommes de ſa ſuite

» sont assassinés, pendant la messe, » sur les terres de la République. J'en » ai fait porter des plaintes aux Ma» gistrats, qui, loin de me donner la » satisfaction que je leur demandois, & » que j'avois lieu d'attendre, m'ont fait » fermer l'entrée de tous les ports de » la République; on m'y refuse même » de l'eau, & l'on fournit toutes sortes » de secours aux ennemis de la France.

» Etant chargé d'arrêter les secours » que l'Empereur envoyoit tous les » jours au Prince Eugene, & ne pou» vant distinguer que par des passe» ports les vaisseaux de Sa Majesté » Impériale d'avec ceux de la Répu» blique, j'ai fait prier le Sénat d'en » délivrer à ceux de sa nation; mais » il n'a pas daigné m'écouter. Il me » paroît, d'après cela, que je suis en » droit d'arrêter indistinctement les

» vaisseaux des ennemis & ceux des » Véniticns. Ne voulant cependant pas » user de ce droit que votre conduite » me donnoit, & voulant ménager » votre délicatesse, je me suis donné » la peine, pendant long-tems, de » conduire ceux de vos bâtimens que » je trouvois chargés de vivres & de » munitions de guerre dans les ports » de votre dépendance, où ils me » disoient qu'étoit leur destination, & » j'ai toujours relâché, sans difficulté, » ceux qui avoient des patentes. La » République m'a d'autant plus d'obli» gation, que je savois que ces bâti» timens alloient chez les ennemis de » la France. J'en ai même surpris quel» ques-uns. Après avoir vérifié la » fraude, j'étois en droit de les brûler; » cependant je me suis contenté de » jetter les munitions à la mer; j'ai

» renvoyé les bâtimens & les équipages.

» Je rencontrai un jour quatre-vingt-» deux bâtimens qui alloient à Triefte. » Je les laiffai paffer, quoique je fuffe » certain qu'ils alloient prendre leur » convoi pour le conduire au Prince » Eugene. Voici un fait qui eft plus » frappant que tous les autres. Tandis » que je tenois le port de Triefte blo-» qué, l'Ambaffadeur de l'Empereur » a armé dans votre port, & fous les » yeux du Sénat, ce vaiffeau dont la » perte fait aujourd'hui le fujet prin-» cipal de votre députation. Vous » n'ignorez pas que les Miniftres du » Roi prierent vos Magiftrats d'em-» pêcher cet armement. Le Sénat » donna fa parole de faire ce qu'on » demandoit, fi l'on me faifoit fortir » du golfe.

» Le Roi, croyant qu'on agiffoit de

» bonne foi, me fit dire d'en ſortir :
» j'obéis : mais à peine fus-je parti,
» que le vaiſſeau Anglois arbora le
» pavillon de l'Empereur ; ſalua votre
» Amiral qui lui rendit le ſalut. Les
» Miniſtres du Roi porterent, de nou-
» veau, leurs plaintes au Sénat. On
» leur répondit froidement *qu'on étoit*
» *bien fâché de ce qui venoit d'arriver ;*
» *mais qu'on n'avoit pu empêcher l'Am-*
» *baſſadeur de l'Empereur de faire cet*
» *armement.*

» Vous dites encore que j'ai brûlé
» un très-grand nombre de vaiſ-
» ſeaux Vénitiens. Cela peut être :
» mais il eſt certain que s'ils avoient
» eu des patentes, je les aurois laiſſé
» paſſer, comme j'ait fait à l'égard
» de pluſieurs autres bâtimens qui
» venoient du Levant, & étoient
» richement chargés, parce qu'ils

» avoient des patentes. Du reste si j'ai » brûlé quelques vaisseaux Vénitiens » que j'ai surpris fournissant du secours » aux ennemis de la France, malgré » les intentions du Sénat, y auroit-il » lieu d'être si fort irrité contre moi? » Je n'ai en cela fait autre chose que » punir des contrebandiers, de mau- » vais sujets. Pour ce qui est du vais- » seau Anglois que je viens de brûler » dans votre port; qu'il me soit per- » mis de vous le dire, la République » doit me faire des remerciemens, » non des reproches : je lui ai rendu » service, en châtiant un insolent qui » faisoit le maître chez vous, sans que » vous pussiez l'en empêcher, comme » vous l'avez dit aux Ministres de » France ». Cette réponse ferme dé- concerta le Député, qui se retira sans repliquer.

Le Comte de Forbin ſe hâta de donner avis au Miniſtre de ſa derniere expédition : il en reçut une réponſe conçue en ces termes : « Sa » Majeſté m'a paru ſatisfaite, Mon» ſieur, du ſuccès qu'a eu votre pro» jet, par la priſe de pluſieurs bâti» mens. L'action que vous avez faite, » en brûlant, dans le port de Veniſe, » le vaiſſeau Anglois deſtiné pour le » ſervice de l'Empereur, lui a été auſſi » très-agréable. Elle en a bien connu » toute la hardieſſe, & tout le dan» ger auquel vous vous êtes expoſé. » Elle m'ordonne de vous aſſurer » qu'Elle s'en ſouviendra par rapport » aux Officiers & autres que vous » recommanderez, & dont vous avez » été content, & que vous le ſerez » de l'attention qu'Elle y fera ».

Le Comte, ſe trouvant entierement

maître du golfe, continua à croiser. Il envoya un petit bâtiment à la découverte, avec ordre de faire venir à bord tous ceux qu'il rencontreroit. Ce petit bâtiment rencontra un vaisseau sur lequel étoit le Provéditeur Général du golfe. Ce Magistrat, qui est un des plus considérables de la République, étoit sorti pour exercer quelque fonction de sa charge : il étoit alors revêtu de toutes les marques de sa dignité. L'Officier qui commandoit le petit bâtiment François, lui ordonna d'aller à bord du Comte de Forbin. Le Général du golfe, surpris & scandalisé de voir qu'on lui donnoit des ordres, lorsqu'il devoit en donner aux autres, lui fit dire que ce vaisseau portoit son Excellence Monseigneur le Provédi-diteur Général du golfe. L'Officier François ne fit pas beaucoup d'attention à la magnificence de ce titre : il repliqua qu'il ne connoissoit d'autre Général que le Comte de Forbin, & que si l'on n'obéissoit pas, il alloit faire tirer sur le vaisseau. Le Provéditeur craignant qu'on ne passât des menaces aux effets, obéit. L'Officier prit les devants, & avertit le Comte de ce qui se passoit. Celui-ci, charmé d'humilier la République de Venise dans un de ses principaux membres, se retira dans sa chambre. Lorsque le Provéditeur fut à bord, l'Officier de garde lui dit de se rendre à la chambre du Général. Le Vénitien refusa de faire cette démarche, & demanda à parler au Comte. L'Officier répondit, suivant l'instruction qu'il avoit reçue, que son Excellence Monseigneur le Comte de Forbin venoit de passer dans sa chambre pour se reposer un moment, &

que personne n'étoit assez hardi pour l'éveiller à l'instant. Le Provéditeur sentit ce que cela vouloit dire : il alla à la Chambre du Capitaine. L'Officier qui le précédoit, marcha fort doucement, gratta à la porte, l'entrouvrit, marcha encore doucement, dit au Comte : « Monseigneur, je demande » pardon à votre Excellence d'oser » prendre la liberté de l'éveiller; mais, » Monseigneur le Provéditeur Général » du golfe est avec moi, & desire de » vous parler ». Le Comte se leva promptement, avança vers la porte de sa chambre, salua le Provéditeur ; lui dit qu'il étoit fâché que ses Officiers l'eussent obligé de venir à bord, & de monter ; que l'ordre qu'il avoit donné ne s'étendoit pas jusqu'à son Excellence ; que ses Officiers avoient tort ; mais qu'il le supplioit de leur pardonner, & de n'imputer leur méprise qu'au malheur des tems qui les obligeoit, & le contraignoit lui-même à faire beaucoup de choses qui étoient contraires à ses desirs.

Le Provéditeur répondit qu'il étoit charmé de l'avanture, puisqu'elle lui procuroit le plaisir de connoître M. le Comte de Forbin. Peu de tems après, le Comte fit servir du café, du chocolat, des confitures & du vin de plusieurs especes. Le Provéditeur goûta de tout. Dans la conversation, le Comte se plaignit de la République qui avoit ordonné qu'on lui refusât l'entrée dans ses ports; même jusqu'à la liberté d'y faire de l'eau, tandis qu'on accordoit tout aux ennemis de la France. Le Provéditeur excusa le Sénat, sans cependant blâmer le Comte. Lorsqu'il se disposa à partir, tous les soldats se mirent sous les armes; on batit aux champs, & on le salua de neuf coups de canons. Le Comte instruisit le Cardinal d'Estrées & l'Ambassadeur de cette aventure. L'Ambassadeur lui répondit que le Provéditeur se louoit beaucoup de lui, & approuva sa conduite.

Cette aventure paroîtra peut-être futile : mais nous l'avons rapportée pour faire connoître qu'on ne doit confier une expédition importante qu'à un homme qui joint à beaucoup de courage une grande présence d'esprit.

Le Comte de Forbin continuoit à brûler les bâtimens qu'il rencontroit dans le golfe, & qui n'avoient point de passeport : les plaintes des Vénitiens redoublerent : ils s'adresserent au Cardinal d'Estrées, qui se laissa encore tromper par leurs promesses; il envoya ordre au Comte de ne brûler aucun des vaisseaux qui passeroient dans le golfe. Par ces ordres que le Comte étoit obligé de suivre, sa croisiere dans le golfe devenoit inutile. Son zèle pour le service du Roi lui suggéra un autre moyen de nuire à ses ennemis. Il s'étoit apperçu, en entrant dans le golfe, que les ports qui appartenoient à l'Empereur, dans cette contrée, étoient mal fortifiés & peu garnis. Il résolut alors de les détruire, & de bombarder les places qui bordoient la côte, & qui appartenoient à l'ennemi. Pour exécuter son projet, il demanda au Vice-Roi de Naples douze cens soldats & quatre galeres. En attendant ce renfort, il fit accommoder deux bâtimens qu'il avoit pris sur les ennemis, en galiotes à bombes,

& fit voile vers Trieste, dans le dessein de bombarder cette place. Lorsqu'il y fut arrivé, il alla lui-même sonder jusques sous les murailles de la ville, pour voir comment il disposeroit son attaque. On tira sur lui plusieurs coups de canons & beaucoup de mousqueterie, mais on ne lui tua pas un seul homme. Lorsqu'il eut marqué l'endroit où il pouvoit placer ses bombardes, il les fit avancer à l'entrée de la nuit; commença par faire tirer sur la ville six volées de canons de dix-huit. Cette décharge endommagea plusieurs maisons. Un boulet emporta un chandelier dans lequel étoit une des chandelles qui éclairoient le Gouverneur pendant son souper. Les bombes partirent un moment après: on en lâchoit quatre à la fois. Elles faisoient un fracas épouvantable. Comme on avoit mis des matieres combustibles dans les bombes, le feu prit dans plusieurs quartiers de la ville. L'alarme se répandit par-tout. Tous les habitans s'enfuirent à la campagne avec tant de précipitation qu'ils ne songerent même pas à emporter ce qu'ils avoient de plus précieux. Il y avoit sur le môle, qui forme comme une espece de petit pont, une batterie à barbette de quatorze piéces de canon. Ce poste étoit le seul qui pût incommoder les François : le Comte se douta bien que les ennemis l'attaqueroient par cet endroit, il fit faire, avec son canot & sa chaloupe, deux demi-lunes flottantes, les couvrit de matelots, les remplit de fusiliers, s'embarqua sur l'un des deux vaisseaux, & avança du côté du môle. Lorsqu'il fut à une certaine distance, il s'apperçut que ce poste étoit abandonné. Il crut que la ville l'étoit aussi, parce qu'il ne voyoit personne paroître, & qu'il n'entendoit point de bruit. Il résolut de profiter de la terreur où étoient les ennemis; de descendre à terre avec quarante sol ats d'élite; de tâcher d'entrer dans la place & de la brûler entierement. Il alla communiquer son dessein à M. Deschiens qui étoit occupé à bombarder. Cet Officier lui tint ce langage. « Faites » attention que vous n'avez point de » pétard pour faire sauter la porte qui » donne sur le môle. D'ailleurs, si les » ennemis, revenus de leur premiere » frayeur, se rassemblent & vous at- » taquent, vous serez accablé par le » nombre. Continuons à lancer des » bombes, puisqu'on nous laisse tran- » quilles ; le feu est par toute la ville, » nous ne pouvons rien souhaiter de

» plus ». Le Comte se rendit à ces raisons : mais il s'en repentit le lendemain : il apprit que tous les habitans, saisis de frayeur, s'étoient enfuis ; que la milice qu'on avoit assemblée à la hâte, profitant de l'épouvante des bourgeois, avoit enlevé tout ce qu'elle avoit pu trouver, & s'étoit enfuie aussi.

Après cette expédition, le Comte de Forbin fit armer sa chaloupe de quatre pierriers ; y mit pour équipage quinze soldats ; en donna le commandement à un Enseigne de Marine, & l'envoya à Venise pour porter des lettres au Cardinal d'Estrées & à l'Ambassadeur de France. Les Vénitiens avoient fermé l'entrée de leurs ports avec des vaisseaux de guerre & des galeres ; lorsque la chaloupe Françoise parut à l'entrée du *Lido*, les galeres l'arrêterent, & demanderent à l'Officier où il alloit : il répondit qu'il portoit au Cardinal d'Estrées & à l'Ambassadeur de France des lettres du Comte de Forbin. Au nom de Forbin, les Vénitiens furent si effrayés, qu'ils dépêcherent promptement une *iole* pour avertir le Sénat que le Comte de Forbin étoit à l'entrée du port avec une frégate de quatorze canons & de deux cens hommes d'équipage. La frayeur les avoit aveuglés au point qu'ils prenoient une simple chaloupe pour un vaisseau amiral, & quinze matelots pour un équipage formidable. Le Sénat envoya, sur-le-champ, un noble Vénitien porter ses plaintes au Cardinal d'Estrées, & lui dire qu'il voyoit bien que la Cour de France ne vouloit plus ménager la République. Le Cardinal engagea l'Ambassadeur à ſe tranſporter ſur le port, pour voir de quoi il étoit queſtion. L'Ambaſſadeur, n'ayant trouvé qu'une chaloupe avec quinze ſoldats, rit beaucoup de la terreur qu'elle avoit répandue dans Veniſe ; il prit les lettres ; s'en retourna, & rétablit la tranquillité dans la ville. On aſſuré que le ſeul nom de Forbin étoit un épouvantail pour les Italiens. Lorſqu'ils alloient en mer, ils ſe recommandoient à Saint Marc, & le prioient de les garantir du Comte de Forbin.

Quatre jours après le bombardement de Trieſte, le Comte fut joint par deux galiotes à rames qu'il avoit demandées à la Cour, & par deux brigantins que le Vice-Roi de Naples lui envoya. Le Miniſtre de France répondit d'une maniere fort obligeante aux lettres que M. de Forbin lui avoit écrites pour lui rendre compte de sa conduite. Il lui annonça que le Roi étoit très-content de ses services; ajouta que les Vénitiens continuoient leurs plaintes contre lui; mais qu'on ne les écoutoit pas; finissoit par l'inviter à aller brûler un château appellé la *Mezzola*, situé sur le Pô, & qui servoit de magasin pour l'armée impériale d'Italie.

Le Comte de Forbin, voulant saisir l'occasion de satisfaire le Ministre, partit promptement; alla mouiller à l'embouchure du Pô, d'où il découvrit le château qu'on lui avoit indiqué. Il l'envoya reconnoître par M. Deschiens. Comme il falloit passer sur les terres du Pape, cet Officier rencontra un corps-de-garde des troupes de Sa Sainteté. Aussi-tôt que les soldats apperçurent les galiotes, ils prirent la fuite.

M. Deſchiens, croyant que le corps-de-garde appartenoit aux Impériaux, le fit piller, brûla quelques bateaux qu'il trouva abandonnés, & s'avança pour reconnoître le château. Cette place étoit flanquée de quatre tours, entourée d'un foſſé plein d'eau vive, avec un pont-levis : il y avoit, en outre, une garniſon aſſez forte pour ſoutenir un ſiége. Il alla rendre compte à M. de Forbin de ce qu'il avoit vu & fait. Sur ſon rapport, le Comte ſentit qu'il étoit impoſſible d'exécuter les ordres de la Cour. Il ſe douta qu'on lui ſauroit mauvais gré de ne pas aller plus loin ; mais il ne vouloit pas perdre inutilement ſon tems, & ſacrifier une partie de ſon monde : il tourna ſes vues d'un autre côté. Le Cardinal Légat de Ferrare avoit mandé au Pape que le Comte de Forbin

avoit

avoit pillé, sur les terres de Sa Sainteté, un corps-de-garde qui lui appartenoit, & brûlé quelques bateaux : mais le Cardinal de Janson, qui étoit alors à Rome, accommoda cette affaire.

Le Comte remit à la voile, & dirigea sa marche du côté de Fioume, où il arriva à l'entrée de la nuit. Avant d'attaquer la place, il crut qu'il étoit nécessaire de se rendre maître du bourg de *Laurano*, situé à deux lieues de Fioume, & environné de murailles. Il alloit former son attaque, lorsqu'il apperçut des feux de distance en distance. Il jugea par-là qu'on étoit instruit de son arrivée, & qu'on avertissoit tous ceux des environs de venir au secours du bourg. Il résolut d'attendre le jour pour voir contre qui il avoit à combattre, si c'étoit contre des bourgeois, ou contre des gens de guerre. Il fit cependant lancer quelques bombes sur le bourg : l'allarme y devint alors si grande, qu'on voyoit des lumieres répandues par toute la campagne ; c'étoient les femmes qui fuyoient avec leurs enfans.

Lorsque le soleil fut levé, il apperçut un nombre considérable de gens armés qui étoient postés sur le rivage, pour empêcher la descente. Le Comte s'embarqua sur une *piotte* avec quelques matelots ; avança vers le rivage pour chercher un endroit où il pût aborder : les ennemis le suivirent ; mais sans ordre, & tirerent sur lui une prodigieuse quantité de coups de fusil. Le Comte sentit qu'il n'avoit à faire qu'à des bourgeois qui tiroient maladroitement, & en tremblant : ils ne tuerent personne. Les matelots essuyerent le feu de cette mousqueterie avec un ſang-froid admirable. Lorſque le Comte eut trouvé un endroit où on pouvoit faire la deſcente, il retourna vers ſes bâtimens, les rangea en ordre de bataille; avança vers le rivage. Les ennemis, dont le nombre montoit à plus de quatre cens, tirerent ſur ſa petite flotte; mais ils lui cauſerent très-peu de dommage. Lorſqu'il fut à la demi-portée du fuſil, il fit faire ſur eux une décharge de canon, de pierriers & de mouſqueterie; leur tua une trentaine d'hommes: le reſte prit la fuite.

Alors il mit quatre-vingts ſoldats à terre, ordonna à l'Officier qui les commandoit d'aller attaquer une porte qui étoit du côté de la campagne, tandis qu'avec ſes gaillotes & ſes brigantins il attaqueroit celle qui donnoit ſur la mer. Ses ordres furent ponctuellement exécutés, l'Officier entra presque en même-tems que lui, & ils se rendirent maîtres du bourg.

Le Comte de Forbin commença par poser des corps-de-garde dans tous les endroits où l'on pouvoit craindre une surprise. Il menaça ensuite de mettre le feu au bourg, si l'on ne payoit pas une forte contribution. Pendant que les Bourgeois étoient occupés à chercher les moyens de payer la somme qu'on leur demandoit, les Matelots se mirent à piller; les Soldats quittèrent leurs postes & les imitèrent. Dans un instant le désordre devint général: les Officiers ne furent pas maîtres de l'arrêter.

Le Général sentit tout le danger qui le menaçoit. Il savoit que les ennemis ne s'étoient retirés qu'à un demi quart de lieue, & craignoit qu'ils ne vinssent l'attaquer avec un renfort que la ville de Fioumes pouvoit leur fournir. Dans le danger qui le menaçoit, il crut qu'il n'y avoit d'autre parti à prendre que celui de mettre le feu au fauxbourg, sans attendre la rançon qui tardoit trop à venir. Dans un instant cette place, dont les maisons n'étoient que de bois, fut réduite en cendres. Le Comte de Forbin courut à l'Eglise, pour faire enlever le SAINT-SACREMENT, avant que le feu eût pris à l'Autel. En entrant il trouva qu'elle avoit déjà été pillée, à la réserve du tabernacle auquel personne n'avoit osé toucher. Il apperçut cependant un Soldat qui ouvroit le tabernacle; mais, comme il couroit à lui pour l'arrêter, il le vit se prosterner sur l'autel, & l'entendit dire à haute voix: *Mon Dieu, je vous demande pardon: je ne croyois pas que vous fussiez là.* Il y avoit une hostie dans le soleil

& plusieurs dans le ciboire. Le Soldat eût à peine achevé son excuse à Dieu, qu'il se retourna, voyant le Comte de Forbin derrière lui, il se releva & s'enfuit le plus promptement qu'il lui fut possible. Le Comte dit à un Officier qui l'avoit suivi, de prendre le soleil & le ciboire avec une nappe qui étoit restée sur l'Autel, & de les emporter dans son canot. Il fit battre la retraite; tout son monde le joignit, à la réserve d'un Matelot dont on n'a jamais eu de nouvelles. Lorsqu'on arriva à bord, l'Aumônier, en surplis & en étole, alla prendre le soleil & le ciboire, les posa sur un petit autel qu'on avoit dressé exprès, & sur lequel on mit des bougies qui restèrent allumées toute la nuit. Peu de tems après, le Comte fit publier un ban, par lequel il étoit enjoint, sous peine de la vie, de rendre, avant la nuit, à l'Aumônier tout ce qui avoit été pris dans l'Eglise, comme ornemens, vases sacrés & autres effets consacrés au service divin. Dès le jour même on lui porta six calices, six patenes, & vingt ornemens complets, parmi lesquels il y en avoit de fort riches. Enfin, tout fut rendu, à la réserve de quelques aubes que les Soldats retinrent pour faire des chemises.

Le Comte faisoit ses préparatifs pour aller bombarder Fioumes, lorsque le Consul François de Raguse arriva à son bord. Ce Consul étoit allé à Fioumes pour quelque affaire particuliere, & les Magistrats, effrayés du malheur de Triest & de Lourano, appréhendoient que leur ville n'essuyât le même sort: ils l'engagèrent à aller prier le Comte de Forbin d'épargner Fioumes. Le Comte sentit qu'il étoit bien plus avantageux au Roi de recevoir une grosse somme que d'abattre & de brûler quelques maisons : la démarche du Consul de Raguse lui fit plaisir ; mais, voulant déguiser sa pensée, il lui répondit : » Il est difficile que je vous accorde ce » que vous me demandez. J'ai des ordres » précis de bombarder Fioumes, qu'on » veut moins ménager que les autres » villes. J'en suis mortifié, puisque vous » vous intéressez pour cette place ; mais, » il y auroit tout à craindre pour moi si » je n'exécutois pas les ordres que j'ai » reçus. Cependant, pour vous mar- » quer le cas que les Officiers font » de la recommandation d'un Consul » François, je prendrai sur moi de ne » point bombarder cette ville, si elle » consent à fournir une contribution » assez forte pour me servir d'excuse » à la Cour ». Pour intimider encore davantage le Consul, il fit allumer devant lui des artifices qui brûloient dans l'eau; lui dit qu'il feroit remplir les bombes de cette matiere, & qu'il réduiroit la ville en cendres; que cependant il tiendroit sa parole, si on lui faisoit passer dans le jour une contribution telle qu'il la souhaitoit.

Le Consul lui demanda à combien il faisoit monter cette somme. Le Comte lui répondit qu'il lui falloit cent mille écus pour indemniser le Roi d'une partie des frais de l'armement. Le Consul lui dit qu'il n'étoit pas possible que Fioumes fournît une somme si considérable; que le pays étoit pauvre & de peu de ressource; que s'il ne diminuoit pas de beaucoup la somme qu'il exigeoit, les Habitans seroient dans l'impuissance de racheter la ville, & qu'il agiroit comme il le jugeroit à propos.

Le Comte lui dit qu'il vouloit bien, sur ses représentations, se contenter d'une somme de quarante mille écus, & le Consul promit de la faire donner.

Lorsque l'arrangement fut fait, le Comte dit au Consul que ses Soldats avoient pillé, la veille, l'Eglise de Lourano; qu'il desiroit de faire porter à Fioumes, le Saint-Sacrement, les vases sacrés & plusieurs autres ornemens qui y avoient été enlevés, & le pria de faire ensorte que le Clergé de Fioumes se rendît le lendemain en procession sur le rivage pour les recevoir avec la décence requise dans une conjoncture semblable. Le Consul se chargea de cette commission & promit de s'en acquitter.

Le lendemain, à la pointe du jour, on fit dresser un Autel sur un canot: on y exposa le Saint-Sacrement. Les

Aumôniers, en surplis, s'embarquèrent & firent route vers la ville de Fioumes, en récitant, debout, différentes prières. Quatre gaillottes à rames escortoient le canot. M. Deschiens, qui étoit chargé de la conduite de ces bâtimens, se mit dans le canot avec un tambour. Le tems étoit calme; les bougies qu'on avoit mises sur l'Autel restoient allumées; les Prêtres continuoient de chanter, & les Matelots leur répondoient. Cette procession flottante faisoit un spectacle touchant & nouveau.

Lorsqu'elle fut à une petite distance de la ville, elle s'arrêta; le Commandant ordonna de faire avancer le canot tout près des murailles, & fit battre un appel. On lui répondit aussitôt par une décharge de mousqueterie & par une vingtaine de coups de canon à mitraille & à boulet. Aussitôt les Prêtres cesserent de chanter & se précipiterent au fond du canot : ils étoient si effrayés, qu'on eut beaucoup de peine à les faire relever. L'escadre se retira promptement & rejoignit le Comte de Forbin : l'un des Aumôniers dit la messe & consomma les hosties.

Le Comte de Forbin, étonné de voir que les habitans de Fioumes avoient si promptement changé de sentiment, en demanda les raisons à quelques Vénitiens qui habitoient aux environs de cet endroit. Ils lui dirent qu'il étoit arrivé un Officier-Général de l'Empereur, pendant que le Consul de Raguse faisoit la capitulation ; que cet Officier avoit rassemblé les Bourgeois, leur avoit fait prendre les armes ; qu'on avoit travaillé toute la nuit à dresser des batteries & à mettre la ville en état de défense. Le Comte voulant voir si on lui accusoit la vérité, s'approcha des murailles, fit tirer quelques volées de canon sur la ville ; mais il en essuya une si grande quantité, qu'il sentit que la prudence demandoit qu'il n'allât pas plus loin, & se retira. Il manda au Cardinal de Janson ce qui s'étoit passé à l'égard des vases sacrés de l'Eglise du bourg de Lourano, & le pria de demander au Pape à qui il pourroit les remetttre. Sa Sainteté lui fit écrire une lettre fort obligeante ; elle loua beaucoup son respect pour les choses sacrées, & le pria de faire porter les vases & les ornemens à Ancone ; de les remettre aux Peres de la Mission qui auroient soin de les rendre à l'Eglise de Lourano.

Le Comte de Forbin, voyant que la saison étoit trop avancée pour faire quelque nouvelle entreprise, & que son vaisseau étoit en très-mauvais état, il retourna en France pour le faire radouber, & laissa à sa place M. Deschiens, lui donna des instructions sur la maniere dont il devoit se comporter. Etant par le travers d'Antibes, il vit passer douze galeres de France qui transportoient le Roi d'Espagne dans ses Etats; il revenoit d'Italie. Le Comte voulut le saluer; mais un de ses canons creva, tua plusieurs hommes de son équipage. Un éclat, pesant plus de cent livres, passa sous le menton du Comte & lui fit plusieurs contusions: il lui auroit emporté la mâchoire, s'il avoit donné un pouce plus haut. Il arriva enfin à la vue de Toulon, mais en si mauvais état, qu'il fut obligé de donner le signal de détresse: on lui envoya promptement du secours, & on le fit entrer dans le port. Le Roi d'Espagne, se trouvant fatigué de la mer, avoit débarqué à Antibes, dans le dessein de continuer sa roure par terre. Sa Majesté étoit déjà à Toulon. Le Comte de Forbin alla lui rendre ses hommages. Le Monarque lui fit l'honneur de le remercier des services qu'il venoit de lui rendre dans le Golfe sous le pavillon Espagnol, & lui fit présent d'une épée d'or, enrichie de diamans.

Il y avoit dans la rade de Toulon un vaisseau de cinquante piéces de canon; tout prêt à mettre à la voile, pour aller joindre le Comte de Forbin dans le Golfe, & remplacer celui que M. Deschiens lui avoit conduit: mais l'arrivée du Comte fit changer les résolutions de la Cour. Voulant, sans doute, donner quelque satisfaction aux Venitiens; on nomma M. du Quesne Monier, pour aller croiser dans le Golfe Adriatique, à la place du Comte de Forbin.

Celui-ci n'en fut pas fâché, & M. du Quesne Monier n'accepta cette commission qu'avec déplaisir. Il dit au Comte, « Je prévois que je serai la » victime du commandement qu'on » vient de me donner. Vous avez » quitté la partie, parce qu'il n'y a, » sans doute, plus rien à faire ». M. du Quesne Monier ne se trompoit pas. La fortune avoit secondé le courage du Comte de Forbin : il avoit eu de grands succès avec peu de monde, parce que le pays où il avoit porté ses armes étoit alors dépourvu de troupes, & que la frayeur avoit ôté le courage aux Habitans ; mais l'Empereur y avoit envoyé de bons Officiers qui avoient fait des recrues, formé des corps de troupes capables de résister.

M. de Forbin se rendit à la Cour au commencement de l'année 1703, pour y rendre compte de ſa conduite. Il avoit ſi bien ſervi le Roi dans le golfe Adriatique, qu'il eſpéroit qu'on le recevroit avec accueil, même qu'on le récompenſeroit; mais la calomnie l'avoit devancé, elle trompa ſon eſpérance. Le Miniſtre le reçut froidement, refuſa de le préſenter au Roi, en lui diſant qu'il étoit aſſez connu de Sa Majeſté; qu'il pouvoit ſe préſenter lui-même. L'étonnement & la mortification du Comte de Forbin furent extrêmes: il ſortit & alla ſe préſenter lui-même. Sa Majeſté lui dit: « M. de Forbin, vous avez bien » fait parler de vous pendant la campagne ». Le Comte répondit: « Sire, » je n'ai rien oublié pour faire à vos » ennemis tout le mal dont j'étois ca» pable; heureux ſi mes ſervices ſont » agréables à Votre Majeſté ».

Voulant connoître le ſujet du mécontentement que le Ministre lui avoit marqué, il se présenta plusieurs fois pour avoir audience ; & voyant qu'il ne pouvoit l'obtenir, il résolut de se rendre tous les jours à sa porte : enfin il parvint à lui parler lorsqu'il rentroit ; lui dit : « un Gentilhomme qui » sert bien son Maître, & qui n'a rien » à se reprocher, mérite au moins » qu'on l'entende. Je vous prie de » me donner audience ». Il entra avec le Ministre, ajouta : « Monsieur, je » ne sortirai pas que vous ne m'ayez » écouté ». Le Ministre jugea de-là qu'il falloit lui donner audience pour s'en débarrasser. Il lui dit : « parlez, je suis » prêt à vous entendre. Qu'ai-je donc » fait, reprit le Comte de Forbin, qui » ait pu m'attirer le traitement que je » reçois de votre part ! Vous venez » de distribuer plusieurs graces dans la

» Marine. Par quel crime ai-je mérité » qu'on m'oubliât? Je viens de bien » ſervir le Roi. J'ai exposé mille fois » ma vie pour la gloire des armes de » Sa Majeſté : après cela n'étois-je pas » en droit d'attendre qu'on ſongeroit à » moi, & que je retirerois quelque » fruit de tant de fatigues, & de tous » les dangers que j'ai courus?

» De quoi vous plaignez-vous, re- » pliqua le Miniſtre, ne vous êtes- » vous pas payé par vos propres mains? » Et vos deux campagnes ne vous ont- » elles pas rapporté cent mille écus »? Le Comte, ſurpris de ce reproche, dit au Miniſtre : « ſi j'ai gagné cent mille » écus, vous devez en être bien aiſe: » cette ſomme me mettra dans le cas » de ſervir le Roi avec plus d'aiſance: » mais, Monſieur, qui eſt l'impoſteur » qui a avancé cette fauſſeté? Faites-

» moi la grace de me dire ſur qui j'ai » gagné cette ſomme. Je n'ai pas pillé » les deniers du Roi : les priſes que » j'ai faites ſur les ennemis, je les ai » miſes entre les mains de vos agens » qui doivent vous en rendre compte. » Cela ſuppoſé, les cent mille écus » dont vous me parlez, doivent man- » quer à quelqu'un. Ayez la bonté de » me dire qui ſe plaint de les avoir » perdus.

» J'ai un journal fort exact de ce » que j'ai enlevé aux ennemis, & des » dépenſes que j'ai été obligé de faire » pour le compte du Roi. M. de Vau- » vrai, Intendant de Toulon, a vérifié » le tout. Prenez la peine de vous en » informer de lui. Il peut vous donner » ſur ce point plus d'éclairciſſemens » que tout autre. Si vous voulez vous » en rapporter à vous-même, les

» Officiers, les écrivains, les pilotes » ont fait des journaux auſſi-bien que » moi; il vous eſt aiſé de les avoir. Je » vous remettrai demain tous mes mé- » moires où j'ai mis, jour par jour, » toutes les opérations que j'ai faites » dans mes deux campagnes. Vous » pourrez voir, à loiſir, les uns & les » autres. Je ſerai charmé que vous » examiniez ma conduite. Si j'ai pillé, » il eſt juſte que je ſois puni; mais ſi » j'ai bien & fidelement ſervi mon » Maître, j'ai droit de demander la » récompenſe que mes ſervices ont » méritée ».

Le Miniſtre, ne ſachant que répondre à ces raiſons, lui reprocha de n'avoir pas pris le château de Mezzala, quoiqu'il lui eût fait connoître qu'il le deſiroit beaucoup. Le Comte lui dit qu'il s'étoit lui-même porté ſur les lieux; qu'il avoit trouvé la chose impossible, & qu'il n'étoit pas coupable de n'avoir pas su faire des miracles; que ceux qui lui avoient fait entendre que cette opération pouvoit réussir, étoient ou des *présomptueux*, ou des ignorans; que, pour emporter cette place, il auroit fallu faire un siége en regle; qu'il n'avoit ni un nombre de soldats suffisant, ni l'attirail nécessaire pour l'entreprendre; que d'ailleurs l'armée du Prince Eugene étoit à portée de s'y opposer.

« Ce que vous n'avez pas voulu » faire, repliqua le Ministre, M. du » Quesne le fera à votre place. M. du » Quesne, reprit le Comte, est trop » sage pour l'entreprendre, & je donne » ma tête à couper s'il en vient à bout. » Considérez, Monsieur, que j'ai entrepris dans la mer Adriatique bien

» des choses très-périlleuses, sans » ordre; mais de mon propre mouvement, & uniquement pour mettre » à profit les moyens que j'avois de » servir le Roi. Cela supposé, quelle » apparence qu'ayant connu vos intentions & le desir que vous aviez » de voir cette place détruite, j'eusse » refusé de remplir vos intentions, si » la chose eût été aussi facile qu'on » vous l'a dit ».

Le Comte de Forbin prit congé du Ministre; resta encore trois semaines à Versailles, & faisoit exactement sa cour; mais M. de Pontchartrin gardoit avec lui un silence opiniâtre, ce qui affligeoit le Comte. Cependant la Cour donna des ordres pour équiper une flotte considérable que M. le Comte de Toulouse devoit commander, & nomma M. de Forbin pour monter un des vaiſſeaux. On lui prouvoit par-là qu'on n'étoit pas mécontent de ſes ſervices ; mais il l'étoit beaucoup de voir qu'on ne les récompenſoit pas. Il alla chez le Miniſtre, lui préſenta ſon journal pour lui faire voir ce qu'il avoit fait dans ſes deux campagnes. Il lui dit : « Monſieur, ſi j'ai tant tardé » à vous préſenter ces mémoires, ce » n'a été qu'afin de vous donner le » loiſir de prendre pour & contre moi » toutes les informations convenables. » Aujourd'hui oſerois-je vous deman- » der ſi je ſuis juſtifié dans votre eſprit, » & ſi vous avez été éclairci ſur les » cent mille écus qu'on vous a dit que » j'avois gagnés » ? Le Miniſtre lui ré-pondit : « j'ai écrit de tous côtés ; mais » on ne m'a dit que du bien de vous ; » il faut que vous ayez corrompu tous » ceux qui vous approchoient ». Ces

faits

faits sont tirés des mémoires du Comte de Forbin ; mais il paroît qu'il a eu soin de dérober ses torts aux yeux des lecteurs. On ne se persuadera jamais qu'un grand Ministre traite si durement un brave Officier, sans raison plausible. Continuons la narration. Cette réponse mortifia le Comte de Forbin, au point qu'il repliqua avec vivacité : « Monsieur, si le Roi n'est » pas content de moi, après tout » ce que j'ai fait pour son service, il » faut que ce soit vous-même qui » m'ayez desservi auprès de Sa Ma» jesté ; car puisque, de votre propre » aveu, malgré toutes les recherches » que vous avez faites, vous n'avez » pu trouver d'accusateurs contre moi, » il ne me reste que vous sur qui je » puisse faire tomber mes soupçons.

» Il m'est certainement bien dou-

» loureux de n'avoir à me plaindre de » personne autre. Qu'il me soit per» mis de vous le dire ; si j'avois été » coupable d'une faute, vous auriez » dû être le premier à m'excuser, » puisqu'au bout du compte, comme » Ministre de la Marine, je vous » ai fait quelqu'honneur, en travail» lant avec succès sur les instruc» tions que j'avois reçues de vous ; » mais, sur le pied où sont les choses, » je vois bien qu'il ne me reste plus » qu'à me retirer ; car quelle apparence » de continuer à servir, ayant le Mi» nistre contre moi, dans un tems où » il auroit dû m'être le plus favorable ». Il sortit aussi-tôt ; se rendit chez M. le Comte de Toulouse ; lui raconta tout ce qui venoit de se passer ; se plaignit de la maniere dont le Ministre l'avoit reçu ; lui dit qu'il étoit enfin forcé de quitter la Marine, puiſqu'il étoit perſécuté par ceux mêmes qui auroient dû le protéger. Le Prince lui dit qu'il ne vouloit pas qu'il ſongeât à ſe retirer; que ſon ſervice étoit néceſſaire; qu'il parleroit au Miniſtre, au Roi même, s'il le falloit.

Le Miniſtre ſut que le Comte de Forbin ſe plaignoit publiquement de lui. Il s'en offenſa; lui ôta le commandement du vaiſſeau qu'il lui deſtinoit, & le donna à un autre.

Le Marquis de Janſon, parent du Comte de Forbin, eut, dans ce temslà, occaſion d'aller chez M. de Pontchartrain; ce Miniſtre lui dit qu'il n'étoit pas content du Comte de Forbin. Le Marquis lui répondit: « Le Comte de » Forbin eſt de mes parens; je l'aime » & l'eſtime beaucoup; mais s'il man» quoit à votre égard, je ſerois le pre-

» mier à le blâmer, & je n'oublierois
» rien pour le faire rentrer dans son
» devoir. Du reste, je crois devoir
» vous représenter que brave comme
» il est; ayant bien servi son Maître,
» pour qui il est plein de zèle, & toute
» l'Europe lui rendant justice, & re-
» connoissant ce qu'il vaut, il est dif-
» ficile qu'il ne s'échappe quelque peu,
» en voyant ses services sans récom-
» pense. S'il se retire de la Marine,
» c'est parce qu'il vous regarde comme
» lui étant contraire, & dans cette
» pensée, il n'a pas tort de quitter
» prise, puisqu'il ne gagneroit rien à
» servir, dès que le Ministre prendroit
» intérêt à le traverser.

» Il se trompe, reprit M. de Pont-
» chartrain, s'il croit que je prends
» intérêt à le traverser : mais il est
» trop vif, & il a éclaté, sans me

» donner aſſez de tems pour le juſti-
» fier. On l'avoit fort deſſervi auprès
» de moi : les perſonnes qui m'avoient
» donné ces mauvaiſes impreſſions,
» étoient d'un rang à être crues. Au-
» jourd'hui, tous mes ſoupçons ſont
» diſſipés. Qu'il ne ſe rebute pas, &
» qu'il compte ſur moi, je le ſervirai,
» avec plaiſir, quand l'occaſion s'en
» préſentera ». Le Marquis le remercia,
& le pria d'effectuer ſes promeſſes.

M. le Marquis de Janſon rendit compte à M. de Forbin de ce qui s'étoit paſſé entre lui & le Miniſtre à ſon ſujet, & lui conſeilla d'aller voir M. de Pontchartrain le plus promptement qu'il pourroit. Le Comte ſe hâta d'aller chez le Miniſtre, qui le reçut avec accueil; lui fit donner cinq cens écus de gratification; le nomma pour commander le *Téméraire ;* le fit paſſer à Toulon, avec ordre de couvrir le commerce du Levant, & de donner la chasse aux corsaires Flessinguois. Le Ministre, qui avoit sans doute des sujets de mécontentement contre lui, crut qu'il devoit se regarder comme fort heureux d'être rentré en grace; & qu'on voulût bien lui donner des emplois qu'il commençoit à regarder comme au-dessous de lui.

Les plaintes que le Comte de Forbin avoit faites contre le Ministre se répandirent dans toute la France, principalement en Provence. On publia à Toulon qu'il étoit disgracié; que la Cour, ne voulant plus de ses services, lui avoit permis de se retirer où il jugeroit à propos. La Demoiselle, qui, comme on l'a vu, l'avoit attaqué en crime de rapt, prit ces bruits populaires pour des réalités; le crut abandonné de tout le monde, & recommença ses poursuites contre lui. Mais elle ne se présenta une seconde fois en public, que pour être une seconde fois l'objet de la risée du public : elle fut condamnée comme non-recevable.

M. le Comte de Toulouse arriva alors à Toulon, où l'on avoit fait un armement considérable ; mais on ne sortit pas de la rade, parce que l'on reçut avis que les ennemis étoient supérieurs en nombre : on détacha le Comte de Forbin pour observer leurs mouvemens. Il apprit que leur flotte marchande avoit pris sa route du côté du Levant, & qu'elle étoit escortée par six vaisseaux de guerre. Il alla reconnoître leur armée qui sortoit de Livourne, la vit prendre sa route vers le détroit de Gibraltar, & retourna à Toulon pour rendre compte de ce qu'il avoit vu. Sur son rapport, M. le Comte de Toulouse fit désarmer, & lui donna ordre de couvrir le commerce de Marseille au Levant. Il alla plusieurs fois à Malthe pour prendre des Chevaliers qui passoient en France.

Sur la fin de l'année 1703, il partit de Toulon pour escorter une flotte marchande qui partoit de Marseille. A peine fut-il à quatre lieues de terre, qu'il s'éleva une tempête terrible : elle dispersa la flotte. Il se retira à *Rose*, où il trouva un des vaisseaux qu'il escortoit, & le ramena à Toulon. Il y apprit que deux bâtimens de la flotte, & le plus richement chargés, s'étoient retirés à Barcelonne : il alla les chercher pour les conduire à leur destination. Il les escorta jusqu'à Malthe, où il les remit à M. Trulet, Capitaine de vaifſeau, & ſe chargea de conduire en France pluſieurs autres vaiſſeaux marchands que cet Officier y ramenoit.

Lorſqu'il fut arrivé à Toulon, il reçut ordre de monter le *Trident*, & d'eſcorter une autre flotte qui alloit porter des marchandiſes du côté du Levant. Etant à l'entrée de l'Archipel, il apperçut un gros navire de ſoixante-dix piéces de canon & de trois cens hommes d'équipage; lui donna la chaſſe, &, quand il fut à la portée de la voix, demanda d'où étoit le navire. On lui répondit: *de Veniſe*. Il s'étoit détaché d'une eſcadre que le Provéditeur Général de la mer commandoit à quarante lieues où ce vaiſſeau ſe trouvoit. Le Comte de Forbin fit crier au Capitaine de ſaluer le pavillon du Roi. Le Vénitien répondit qu'il étoit dans les mers de la République, & qu'il ne ſaluoit perſonne. Sur cette réponſe, le Comte de Forbin ſe prépara à l'attaquer. Le Vénitien s'en apperçut, & demanda qui étoit le Capitaine du vaiſſeau François. On lui répondit que c'étoit le Comte de Forbin. Il dit alors: *ne tirez pas, je vais ſaluer le Comte de Forbin.* Le Comte lui répondit qu'il prît garde à la maniere dont il parloit, & qu'il eût à ſaluer le pavillon du Roi, ſinon qu'il alloit lui lâcher toute ſa bordée. Ce langage lui fit connoître qu'on n'avoit pas intention de le ménager: il ſalua le pavillon du Roi.

Le Comte de Forbin ne s'en tint pas là; il envoya ſon canot faire la viſite du vaiſſeau Vénitien, pour ſavoir s'il n'avoit point de François dans ſon équipage. Selon différens traités paſſés entre le Roi de France & la République de Venise, la République ne peut prendre des François à son service. Ceux qui montoient le canot, trouverent qu'il y avoit quatre-vingt-dix François. Le Comte lui envoya dire de les rendre promptement. Sur son refus, le Comte renvoya son canot, avec ordre de lui dire que s'il persistoit, il alloit l'aborder & le prendre lui-même. Le Vénitien eut encore peur; il envoya sa chaloupe avec un Officier à bord du vaisseau François, pour traiter d'accommodement, & faire en sorte que le Comte se contentât d'un certain nombre de François que le Capitaine Vénitien consentoit de lui rendre. Le Comte de Forbin lui dit qu'il vouloit qu'on les rendît tous. Pour venir à bout de ce qu'il demandoit, sans être obligé de commettre un acte d'hostilité, qui auroit pu avoir des suites fâcheuses pour lui; il fit voir à l'Officier l'état de son vaisseau qui étoit prêt à attaquer. Cet Officier étoit un poltron : il fut si effrayé, qu'il fit toutes sortes de soumissions au Comte; le pria de ne point tirer, lui assurant qu'on lui accorderoit tout ce qu'il demandoit. Le Comte fit partir sa chaloupe & son canot, qui, dans deux ou trois voyages, lui amenerent les quatre-vingt-dix François. Peu de jours après, il rencontra un autre vaisseau Vénitien de même force; le força aussi de lui rendre quarante soldats François qu'il avoit sur son bord. Ces deux expéditions firent de nouveau crier les Vénitiens contre le Comte de Forbin; mais on n'écouta pas leurs plaintes.

M. de Forbin, s'étant acquitté de sa commission, reprit la route de France.

Avant d'y arriver, il essuya une tempête si violente, qu'il fut obligé de relâcher à Cagliari. Pendant le séjour qu'il y fit, le Consul de France l'avertit que, malgré les ordres du Roi d'Espagne, sous la domination duquel l'île de Sardaigne étoit alors, le Vice-Roi, sous prétexte de la visite, exerçoit une vexation insupportable sur nos vaisseaux. Ce droit de visite avoit été établi, à la vérité, pour mettre à contribution tous les vaisseaux qui alloient charger ou décharger des marchandises dans le port. Le prétexte dont on s'étoit servi pour l'introduire, étoit de remédier à certains abus, & de prendre les précautions convenables pour conserver les marchandises dans les bâtimens : mais ce droit étoit inutile, puisque les marchands sont intéressés eux-mêmes, plus que tout autre, à veiller à la conſervation de leurs marchandiſes ; mais on avoit étendu ces précautions ſi loin, & on avoit tellement multiplié les réglemens à ce ſujet, qu'il étoit impoſſible de ne pas manquer à quelque choſe : alors on étoit forcé de payer l'amende. Le Vice-Roi avoit été jusqu'à porter une ordonnance par laquelle on étoit obligé d'avoir des chats dans tous les vaiſſeaux, ſous prétexte que les rats, qui s'y engendroient, pouvoient gâter les marchandiſes.

Les François s'étoient plaint de ces viſites qui étoient fort génantes & ruineuſes pour le commerce, & Sa Majeſté Catholique avoit ordonné de les ſupprimer. Le Vice-Roi, qui perdoit beaucoup par cette ſuppreſſion, différoit de publier les ordres du Monarque, & de les faire mettre à exécution. Le Consul se plaignoit de ce retard.

Le Comte de Forbin se transporta chez le Vice-Roi, le pria de faire publier les ordres qu'il avoit reçus, & de faire cesser une vexation dont on se plaignoit depuis long-tems. Le Vice-Roi lui répondit, d'un ton de gravité ordinaire à ceux de sa nation, qu'il verroit. Le Comte, peu content de cette réponse, le pria de faire attention qu'il étoit obligé, par son emploi, de rendre compte à la Cour de tout ce qu'il trouvoit de contraire aux intérêts de la nation; enfin qu'il espéroit que son Excellence mettroit ordre à tout avant son départ, & qu'elle ne le forceroit pas de faire un rapport qui ne lui feroit pas favorable.

Le Vice-Roi sentit que M. de Forbin n'étoit pas disposé à le ménager:

il se hâta de faire publier les ordres du Roi d'Espagne, & les visites furent abolies. Le Comte se rendit à Toulon; fit caréner son vaisseau, & remit à la voile avec une flotte marchande qu'il étoit chargé d'escorter : il la conduisit à Malthe & retourna delà à Toulon. Il demanda à la Cour un congé de trois mois pour aller se reposer, au milieu de sa famille, des fatigues qu'il avoit essuyées. L'ayant obtenu, il se hâta de faire ses préparatifs, & partit.

A peine y étoit-il arrivé, que le Ministre lui manda que le Roi l'avoit nommé pour commander l'escadre de Dunkerque. Cette lettre lui fit beaucoup de plaisir, parce qu'elle lui prouvoit que l'on commençoit à changer de dispositions à son égard. Il partit aussi-tôt; se rendit à Versailles; alla remercier le Ministre, & le pria de lui communiquer ſes intentions. M. de Pontchartrain lui dit que le Roi l'avoit préféré à pluſieurs autres Officiers qui étoient ſes anciens, & qui avoient brigué cet emploi; ajouta qu'il ne ſouhaitoit rien tant que de trouver l'occaſion de lui rendre tous les ſervices qui dépendoient de lui; que l'eſcadre qu'il alloit commander étoit la ſeule qui fût en état d'aller en mer; qu'il lui confioit ſon armement favori.

Le Comte lui répondit qu'ayant à remplir la place de deux hommes qui avoient fait de belles choſes, & qui étoient MM. Bart & de Saint-Paul, il auroit beaucoup de peine à les égaler; qu'il ſouhaitoit, avec paſſion, de pouvoir ſe diſtinguer par quelqu'action d'éclat; mais qu'il croyoit que, pour y parvenir, il convenoit que la Cour le laiſsât maître de ſa deſtinée. Il lui représenta qu'il étoit difficile qu'un Ministre, quelque sage qu'il fût, prévît une multitude de circonstances que le hasard faisoit naître.

« Vous le savez, Monsieur, ajouta-» t-il, rien n'est plus casuel que la mer. » Les instructions que vous me don-» nerez seront fixées sur des caps, sur » des parages. S'il faut que je suive ce » qui m'aura été prescrit, & qu'il ne » me soit pas libre d'agir selon l'occur-» rence, il arrivera que je manquerai » l'occasion ; ensorte que, pour avoir » obéi exactement, la course devien-» dra infructueuse. Il me semble qu'il » seroit plus convenable de me laisser » agir de moi-même. Alors, me réglant » sur les avis que je recevrai, rempli » de bonne volonté comme je suis, » il sera difficile que je n'entreprenne » & n'exécute bien des choses qui

» pourront faire honneur à la Marine.

» Vous êtes bien hardi, lui répondit » le Ministre, de vouloir ainsi vous » charger des événemens. Monsieur, » repliqua le Comte, je sai ce que je » vais faire, & je vois bien que je ne » risque pas beaucoup dans tout ceci. » Le port de Dunkerque est au milieu » des ennemis, les occasions ne me » manqueront pas; si je suis le maître » de faire ce qui me plaira, je prendrai » mon tems si à propos, que les en- » nemis du Roi n'y trouveront peut- » être pas leur compte. En tout cas, » si je ne fais rien de bon, vous serez » en droit de me renvoyer comme » un fanfaron, & de ne prendre plus » confiance en moi ». Le Ministre lui répondit qu'il ne pouvoit rien déterminer sur ce point, & qu'il falloit en parler au Roi. Sa Majesté, ayant été instruite de ce que le Comte de Forbin avoit représenté au Ministre, dit : *il a raison, il faut se fier à lui, & le laisser faire.*

Quelques jours après, M. de Pontchartrain lui dit qu'étant à la tête d'une escadre, il devoit songer à régler sa dépense, de maniere à faire honneur au poste qu'il occupoit. Le Comte répondit qu'il ne demandoit pas mieux, pourvu qu'on lui donnât avec quoi. Le Ministre reprit : « je sai que vous » ne manquez pas de moyens ; que » vos affaires sont en bon état ; que » vous pouvez dépenser sans vous » gêner. D'ailleurs vous ne pouvez » employer votre argent plus à pro- » pos ». Cette réponse du Ministre fait voir qu'il ne regardoit point M. de Forbin comme justifié à l'égard des cent mille écus dont il lui avoit parlé à ſon retour des campagnes du golfe Adriatique.

M. de Forbin dit dans ſes mémoires qu'il repliqua au Miniſtre : « l'ouvrier » doit vivre de ſon travail. Si j'ai ra- » maſſé quelque bien, ce n'eſt pas ſans » peine, auſſi le conſerverai-je avec » ſoin, pour être aſſuré d'une reſſource » dans mes vieux jours, & pour avoir » de quoi vivre, ſi je viens à être » eſtropié, & hors d'état de pouvoir » ſervir.

» Mais, dans ce cas, reprit le Mi- » niſtre, Sa Majeſté ne vous aban- » donnera pas. J'en ſuis perſuadé, dit » M. de Forbin; mais, tout bien con- » ſidéré, je trouve qu'il vaut mieux » avoir quelque choſe à ſoi : on en » attend plus tranquillement les graces » de la Cour, & quand, par mal- » heur, elles n'arrivent pas, on s'en

» console avec moins de peine ».

En sortant de cette conversation, ils allerent tous deux dîner chez M. le Chancelier. Pendant le repas, M. de Forbin lui dit : « M. votre fils m'or-» donne d'aller à Dunkerque, & me » conseille d'y faire de la dépense, & » de manger mon argent pour faire » honneur à la Marine. Etes-vous de » cet avis, Monseigneur? Gardez-vous-» en bien, répondit le Chancelier, » vous ne sauriez plus mal faire, & » le conseil de mon fils ne vaut rien. » M. de Forbin regarda le Ministre, qui » se mit à rire ».

Quelques jours après, le Comte alla prendre congé du Roi, &, en se retirant, dit à Sa Majesté que l'armement de Dunkerque ne lui coûteroit rien, qu'il osoit assurer qu'elle n'en feroit que les avances; qu'elle en seroit amplement rembourſée par ſes ennemis. En ſortant de chez le Roi, il paſſa dans le cabinet du Miniſtre pour prendre auſſi congé de lui. M. de Pontchartrain lui dit : « M. de Forbin, il » n'y a eu en France que M. de Turenne & vous à qui on a donné carte » blanche ».

En arrivant à Dunkerque, il trouva les magaſins du Roi dans un déſordre affreux. Toutes les voiles étoient mauvaiſes; les ſabres manquoient de foureau, & ne coupoient pas; les poudres ne valoient rien : cependant l'armement preſſoit, & ſon eſcadre étoit de huit vaiſſeaux. Il menaça l'Intendant, le Contrôleur & le Garde-Magaſin, de faire connoître leur négligence à la Cour; fit calibrer les fuſils d'une maniere uniforme; acheta de la poudre & des ſabres pour remplacer ceux qui ne pouvoient ſervir. Il pria le Chevalier de Langeron, Commandant des Galeres, de faire travailler tous les forçats à conſtruire de nouvelles voiles; ſe trouva enfin pourvu de tout ce qui lui étoit néceſſaire, & mit à la voile.

Il ſortit du port avec la ferme réſolution de tenir la parole qu'il avoit donnée au Roi & au Miniſtre. Deux jours après ſa ſortie, il rencontra, à la hauteur d'Oſtende, une flotte Angloiſe, composée d'environ quarante bâtimens; elle venoit de Hollande, & étoit eſcortée par un gros vaiſſeau de guerre & deux frégates. Auſſitôt il fit ſes diſpoſitions pour l'attaquer. Les ennemis, voyant qu'il venoit ſur eux, firent force de voiles pour l'éviter. Il les pourſuivit avec tant de promptitude, qu'il les joignit & enleva

leva dix de leurs vaiſſeaux richement chargés. Il envoya ces priſes à Dunkerque, & continua ſa courſe. Etant par le travers du Texel, il rencontra une flotte Hollandoiſe, eſcortée par quatre vaiſſeaux de guerre: il ſe préparoit à l'attaquer, lorſqu'il apperçut une eſcadre de quinze vaiſſeaux de guerre Hollandois, parmi leſquels il y avoit un vice-Amiral & un contre-Amiral. Ne trouvant pas la partie égale, il prit la fuite, brûla pluſieurs bâtimens marchands qu'il rencontra.

Il alla croiſer ſur les côtes d'Angleterre, obligea la flotte qui devoit partir pour la Ruſſie, de rentrer dans le port, & l'y tint bloquée pendant quelque tems, de ſorte qu'elle ne put aller cette année en Ruſſie, parce que la ſaiſon étoit trop avancée. Il alla enſuite prendre des rafraichiſſements dans un des ports de Norvege, &, pour éviter une eſcadre ennemie de ſeize vaiſſeaux qui étoit ſur ces parages, il fit le tour de l'Ecoſſe & de l'Irlande, enleva quelques vaiſſeaux, & prit la route de France.

» Je rencontrai ſur ma route, dit-il dans ſes mémoires, un vaiſſeau de la compagnie Hollandoiſe qui alloit en Orient. Je l'enlevai preſque ſans combattre. Il portoit pour ſoixante mille écus d'argent monnoyé, & la cargaiſon en valoit pour le moins autant. A quelques jours de là, comme j'approchois des côtes de France, je fis encore deux priſes conſidérables : je les amenai à Breſt, où elles furent vendues au profit du Roi, avec la cargaiſon du vaiſſeau Hollandois.

» Après avoir carené mon eſcadre, je rentrai dans la Manche, où je rencontrai une flotte Angloiſe de douze vaiſseaux de guerre Anglois. Ce fut encore à moi à fuir, car la partie n'étoit pas égale. Je fis force de voiles ; & je tirai du côté du Nord.

» Quand je fus à la hauteur de Hambourg, je rencontrai une autre flotte Hollandoise d'environ cent voiles. Elle venoit de Norvege, sous l'escorte de six vaisseaux de guerre, armés chacun d'environ cinquante piéces de canon. Dès qu'ils apperçurent mon escadre, ils se rangerent en bataille. L'occasion d'entreprendre quelque chose de considérable, étoit trop belle pour la laisser échapper. Quand je les vis ainsi disposés, je me mis moi-même en état de les attaquer.

« De huit vaisseaux que j'avois en partant, il ne m'en restoit plus que sept ; le huitieme étoit retourné à Dunkerque, parce qu'il avoit besoin d'un gros radoub. Les ſieurs Hennequin & Bart, fils du Capitaine de ce nom, & qui commandoient chacun une frégate, eurent ordre d'aborder le vaiſſeau de l'arriere des ennemis. Mes quatre autres vaiſſeaux devoient attaquer chacun le leur, & je réſervai le commandant pour moi. Le Commiſſaire de Marine qui étoit ſur mon bord, pour veiller aux intérêts du Roi, n'étoit pas d'avis d'en venir aux mains; mais, malgré ſon oppoſition, l'eſcadre eut ordre de me ſuivre & d'attaquer.

» J'arrivai ſur l'ennemi qui faiſoit un horrible feu ſur moi, de ſon canon & de ſa mouſqueterie. Je l'eus bientôt joint, & l'ayant abordé, je commençai à faire feu à mon tour. Je fis pleuvoir, ſur ſon bord, une grêle de mouſqueterie & de grenades, dont il fut ſi incommodé, qu'il abandonna les gaillards de devant & de derriere.

» Dès que je m'apperçus de son désordre, je criai à mes gens : *Allons, enfans, à bord, à bord*, &, pour leur donner l'exemple, je m'avançai de l'avant. Un jeune Garde Marine, nommé d'*Escalis*, qui attendoit, avec impatience, le signal, sauta le premier, l'épée à la main, & fut bientôt suivi d'un grand nombre d'Officiers, de Gardes-Marine & de soldats.

» Il se fit, dans ce moment, un carnage horrible de part & d'autre : j'y perdis beaucoup de monde; mais, par bonheur, la tuerie ne dura pas long-tems. Peu après, d'Escalis me cria de l'arriere du vaisseau ennemi, en m'appellant par mon nom : *Nous sommes les maîtres. J'ai tué le Capitaine.* Dès lors, l'équipage ne s'amusa plus qu'à piller.

» Je commençois à faire passer les prisonniers sur mon bord, lorsque le sieur de Tourouvre, un de mes Capitaines, qui avoit manqué l'abordage dont il étoit chargé, vint se traverser sur l'avant de mon vaisseau, & sur celui que je venois de prendre. Nous nous trouvâmes pour lors dans un péril d'autant plus grand, que le vent qui venoit de l'arriere, nous poussoit sur le vaisseau de Tourouvre, & nous empêchoit de déborder.

» Pour comble d'embarras, le feu prit tout-à-coup, je ne sais comment, au vaisseau auquel j'étois accroché. Comme le vent étoit fort, le navire fut embrasé dans un instant. Je redoublois mes efforts pour déborder, lorsqu'un vaisseau ennemi feignit de vouloir m'aborder. Pour lui faire face, je fis passer de l'autre côté du vaisseau tout ce qui me restoit de mon équipage sur mon bord. Car la meilleure partie étoit déjà sur le vaisseau qui brûloit, & ne s'occupoit qu'à piller, sans faire attention au danger qui nous pressoit. Le vaisseau qui sembloit vouloir m'aborder, me lâcha toute sa bordée, & passa outre. Pour essayer de me dégager, je fis force de voiles sur le vaisseau de Tourouvre. Cette manœuvre me réussit; mais ce ne fut pas sans me jetter dans un nouveau danger. Car le froissement entre nos deux navires fut si fort, que j'en perdis mon *taille-mer* (1) & six mantelets de sabor que la poupe de Tourouvre me fit sauter en passant.

» Comme la mer étoit agitée, six

(1) Piéces de bois recourbées qui forment le dessous de l'éperon du côté de l'eau.

de mes ſabords étant ouverts, l'eau entroit, avec violence, dans mon vaiſſeau. Pour ne pas couler à fond, je me diſpoſois à le faire pencher, en le chargeant du côté qui n'étoit point endommagé, lorſqu'un navire ennemi, qui venoit au ſecours de ſon Commandant, s'approcha pour m'attaquer, & interrompit cette manœuvre.

» Je me trouvai alors dans la néceſſité de vaincre ou de me noyer.

» Mon parti fut bientôt pris. J'allai à l'ennemi pour l'aborder, & m'adreſſant à ce qui me reſtoit de mon équipage; *enfans, leur dis-je, bon courage, nous ſommes encore aſſez forts, ne craignez rien, nous les prendrons ſûrement.*

» Il n'eſt pas concevable à quel point ce peu de mots leur releva le courage. Je mis auſſitôt mon navire en travers, & je préſentai au vent le côté endommagé. Dès que je fus à portée, l'ennemi tira ſur moi toute ſon artillerie; mais elle ne me fit aucun mal. Je lui répondis par une bordée de canon & par toute ma mouſqueterie, & le criblai; lorſque mon équipage ſe préparoit à paſſer deſſus, il baiſſa pavillon & ſe rendit.

» Dès que je fus maître de ce vaiſſeau, je travaillai, avec toute la diligence poſſible, à réparer le mien. Je fis boucher avec des planches & des toiles goudronnées, mes ſabords qui étoient encore ouverts, & après avoir fait mettre pavillon de raliment, j'ordonnai à un Capitaine de mon eſcadre qui ne m'avoit pas ſecondé, à beaucoup près, d'aller amariner le vaiſſeau que je venois de prendre; mais, avant qu'on pût le joindre, il coula à fond, tant il avoit été maltraité. De tout ſon équipage, il ne se sauva qu'un seul homme que je pris sur mon bord.

« Au milieu de ce trouble, je ne laissai pas d'être fort en peine de mes Officiers & de la plus grande partie de mes gens qui étoient dans le vaisseau qui brûloit. Tourouvre, qui sentit ce danger aussi-bien que moi, & qui vit que le vaisseau alloit sauter, fit tous les efforts possibles pour se dégager. Il en vint à bout & reçut sur son bord tous mes gens, qui, s'étant apperçus du danger, avoient abandonné le pillage & demandoient du secours avec des cris lamentables. A peine étoient-ils à une petite distance, que le feu prit aux poudres : le vaisseau sauta avec tout l'équipage. Il ne s'en sauva qu'un petit nombre que Tourouvre avoit reçu sur son bord pêle-mêle avec les siens.

» On me fit appercevoir que Hennequin demandoit du ſecours, & qu'il avoit mis le ſignal, pour faire connoître que ſa frégate étoit en danger de couler à fond. Il avoit manœuvré en brave homme, &, conjointement avec Bart, il avoit pris un vaiſſeau de cinquante piéces de canon. Pour le tirer du danger où il étoit, je détachai le Marquis de Lanquetoc, Capitaine de vaiſſeau, pour tâcher de ſauver ſon vaiſſeau, ou au moins ſon équipage. Il le joignit ſi à propos, qu'il ſauva le vaiſſeau & le ramena au milieu de l'eſcadre. Dans cette action, où il y eut deux vaiſſeaux ennemis coulés à fond, & un fut pris, je perdis M. de Breme, mon Capitaine en ſecond, une trentaine de ſoldats ou matelots. Le fils de M. Pallas, Enſeigne de vaiſſeau, eut le bras caſſé, & j'eus pluſieurs ſoldats bleſſés. Pendant la bataille, les vaiſſeaux marchands firent force de voile, se sauverent & furent suivis de trois vaisseaux de guerre ».

Dix jours après la bataille, l'escadre arriva à Dunkerque. Le Comte de Forbin se rendit à la Cour; alla rendre compte de sa campagne au Ministre qui le présenta au Roi. Sa Majesté lui témoigna être contente de ses services.

Pendant le séjour que le Comte de Forbin fit à la Cour, il forma différens projets pour la campagne prochaine, & s'arrêta à celui-ci. C'étoit de prendre des mesures pour enlever les flottes Angloises, Hollandoises & Hambourgeoises qui vont tous les ans à Archangel, ville de la Russie. Il communiqua ses desseins à la Cour, qui les approuva. Alors il demanda qu'on le fît Officier général; dit que le commandement qu'on lui confioit & le service du Roi le demandoient. « Monsieur,

» dit-il au Ministre, quand un Capitaine » commande quelque chose à son camarade, celui-ci ne se croit pas obligé » d'obéir sans replique à un homme » qui, dans le fond, n'a d'autre supério» rité sur lui que celle que l'ancienneté » lui donne. Si les Officiers qui lui sont » soumis manquent à faire leur devoir, » il n'ose les reprendre, ou, s'il le fait, » ce n'est qu'avec crainte, parce que, » ayant affaire à ses égaux, il n'est ja» mais à couvert de la riposte; cepen» dant, les affaires en souffrent, & le » Roi n'est jamais bien servi. Si Sa » Majesté trouve que je ne suis pas » encore digne d'être Officier géné» ral, je vous supplie de faire ensorte » qu'elle ait la bonté d'en nommer un » autre à qui j'obéirai avec plaisir ».

La conduite du Comte de Forbin étoit très-adroite. Il avoit fait connoître ſes projets à la Cour, & étoit parvenu à les faire approuver par le Roi. Il ſentoit qu'il ſeroit difficile d'en confier l'exécution à un autre, & vouloit profiter de la conjonƈture que ſon adreſſe avoit amenée, pour arriver au grade de Chef d'eſcadre qu'il deſiroit depuis long-tems: mais M. de Pontchartrain pénétra ſon deſſein, & fut offenſé que le Comte de Forbin voulût obtenir de la contrainte ce qu'il ne devoit attendre que de ſa ſeule bonne volonté; il lui tint ce langage: » Vous avez mérité, » il y a long-tems, la grace que vous » demandez, j'en conviens; mais je » n'en ai pas été le maître; & l'on a fait » au Roi des repréſentations ſi fortes, » qu'elles l'ont emporté ſur tout ce que » j'ai pu dire & faire en votre faveur ». Il finit par lui dire de continuer à bien ſervir; lui promit de s'employer de nouveau & de son mieux pour lui procurer son avancement.

Peu de tems après, le Roi récompensa les Officiers de son escadre qui s'étoient le plus signalés. M. Hennequin reçut la commission de Capitaine de vaisseau ; M. Bart, fils du célebre Jean Bart, celle de Capitaine de frégate, & M. d'Escalis, celle d'Enseigne.

(1) L'armement qu'on préparoit à Dunkerque, pour M. de Forbin, étoit composé de huit vaisseaux de guerre & d'une frégate : le *Mars*, de 54 canons, qu'il devoit monter ; la *Dauphine*, de 60, qui devoit être monté

(1) Mémoires du Comte de Forbin, Mémoires manuscrits de M. Bart, Vice-Amiral, fils du célebre Jean-Bart, fournis à l'auteur par M. Bart, Chef d'escadre, & petit-fils de Jean-Bart.

par M. de Roquefeuil; le *Salisbury*, de 50, par M. de Verins; le *Blackwal*, de 50, par M. de Tourouvre, le *Fidele*, de 50, par M. Hennequin; le *Griffon*, de 44, par M. le Chevalier de Nangis, le *Prothée*, de même force, par M. d'Illiers; le *Jerzay*, de 42, par M. Bart, & la *Driade*, de 36, par M. de Crombrugge, & de quatre barques longues.

A peine cette escadre étoit hors de la rade, qu'elle eut avis, par des corsaires François, qu'une flotte marchande Angloise sortoit de la Tamise, escortée par trois vaisseaux de guerre, dont un étoit de 76 canons, & les deux autres de 72. L'escadre Françoise appareilla pour la chercher, & la trouva le lendemain dans la Manche, près de Beverier. Six corsaires François se joignirent à celle de M. de Forbin. M. de Verins attaqua le vaisseau de la tête, qui étoit de 76 canons: mais la disproportion étoit si grande entre ce vaisseau & le Salisbury, qui n'étoit que de 50, qu'il fut bientôt mis hors de combat: M. de Verins fut tué avec plusieurs de ses Officiers & une partie de son équipage. M. de Forbin voulut aborder le *Hamptoncourt*, de 72 canons; mais il le dépassa. M. Bart, qui lui servoit de second, prit sa place & aborda le vaisseau Anglois de long en long; mais, comme il étoit beaucoup plus élevé que le Jerzay, l'équipage de ce dernier eut beaucoup de peine à entrer dedans, d'ailleurs, le feu y ayant pris, il fut obligé de se dégager pour l'éteindre. Lorsqu'il en fut venu à bout, il retourna à un second abordage. M. Hennequin s'approcha alors du vaisseau ennemi, lui envoya toute sa bordée, le rasa entierement & le força de se rendre. La

Dauphine & le Griffon enleverent à l'abordage le *Grafton*, de 72 piéces de canon. Le vaisseau ennemi, de 76, prit la fuite & se retira dans un des ports d'Angleterre. M. de Forbin mena à Dunkerque les deux vaisseaux de guerre Anglois, avec un très-grand nombre de vaisseaux marchands que les corsaires avoient pris. Aussitôt qu'il y fut arrivé, il envoya M. de Nangis à la Cour, pour y porter la relation du combat. Quoique M. de Forbin n'eût pas eu beaucoup de part au succès de cette bataille, il fut cependant élevé à la dignité de Chef d'escadre. Dans tous les tems, les récompenses ont été pour les Chefs, quoiqu'elles fussent dues aux subalternes : mais c'étoit une justice que l'on rendoit à M. de Forbin pour ses services passés.

Comme la saison n'étoit pas encore

avancée, l'eſcadre remit à la voile pour aller croiſer ſur les flottes ennemies qui alloient en Ruſſie. Après quelques jours de croiſiere, elle rencontra quelques bâtimens Anglois & Hollandois qui étoïent partis ſans eſcorte; elle les prit, les mena à l'île de *Kilduyn*, qui eſt vis-à-vis de l'embouchure de la riviere de Kola, en Laponie. Elle en partit peu de jours après pour croiſer ſur les flottes qu'elle cherchoit. Bientôt elle rencontra celle d'Angleterre, qui n'étoit eſcortée que par trois vaiſſeaux de guerre, dont un de ſoixante canons, un de 50, & le troiſiéme de 30. Ils prirent la fuite auſſitôt qu'ils apperçurent les François. M. de Forbin dit qu'il les auroit attaqués & en auroit tiré bon parti; mais qu'il s'éleva un brouillard fort épais qui lui fit perdre cette flotte de vue, & qu'il ne put prendre que trois bâtimens de cette multitude considérable qui la composoit. M. Bart qui étoit dans l'escadre Françoise, comme on l'a vu, & qui commandoit le Jerzay, dit que si l'on avoit attaqué les convois, il auroit été facile de les prendre, ainsi que la plus grande partie de la flotte marchande.

Quelques jours après, les François rencontrerent la flotte de Hollande, composée de 36 bâtimens, sous l'escorte de trois vaisseaux de guerre de 44 canons chaque. Ces trois vaisseaux d'escorte prirent la fuite, sans s'embarrasser de la flotte qu'ils étoient chargés d'escorter. M. de Forbin dit qu'il *leur fit un pont d'or*, ne se souciant plus de prendre des bâtimens & des hommes, *dont il n'avoit que faire*; qu'il n'en vouloit qu'aux vaisseaux marchands: qu'il les poursuivit, qu'ils se sauverent à l'île de Wardhuis; qu'il entra dans la rade de cette île; qu'il y trouva dix-ſept bâtimens qui étoient abandonnés; que tous les équipages s'étoient ſauvés à terre & avoient emporté à la hâte ce qu'il y avoit de plus précieux dans leur cargaiſon.

Le lendemain de ſon entrée dans la rade de Wardhuis, ſes vaiſſeaux qui croiſoient aux environs, lui amenerent huit flutes Hollandoiſes qui faiſoient partie de la flotte, enſorte qu'il prit environ 25 vaiſſeaux aux ennemis. Il choiſit les quatre meilleurs, y fit tranſporter ce qu'il y avoit de plus beau & de meilleur, & fit brûler les autres. Ne doutant pas que les ennemis ne ſe réuniſſent pour l'attendre aux environs de Dunkerque, il prit par le nord de l'Ecoſſe & ſe rendit à Breſt, ſans rencontrer un ſeul vaiſſeau ennemi. Il ſe hâta d'inſtruire la Cour de ſon arrivée & du ſuccès de ſon expédition.

Quoique la ſaiſon commençât à être un peu avancée, il reçut ordre de la Cour de joindre ſon eſcadre à une de ſix vaiſſeaux que commandoit du Guay-Trouin, qui avoit relâché depuis peu à Breſt, & d'aller avec lui au-devant d'une flotte conſidérable qui devoit partir d'Angleterre pour tranſporter des rroupes & des munitions en Portugal. Ils mirent à la voile le 9 Octobre 1707; ſe rendirent à l'entrée de la Manche. Au bout de trois jours, ils découvrirent une flotte Angloiſe qu'ils crurent être celle dont la Cour leur avoit donné avis. Elle étoit eſcortée par cinq gros vaiſſeaux de guerre. Voici une circonſtance embarraſſante pour un Hiſtorien. M. le Comte de Forbin ſe plaint, dans ſes

Mémoires, de la conduite que M. du Guay-Trouin tint dans cette occasion, & M. du Guay-Trouin se plaint, dans les siens, de celle de M. de Forbin. Comme il ne nous appartient pas de juger deux grands Capitaines, nous allons présenter la narration de l'un & de l'autre ; y joindre celle de M. Bart, fils de Jean Bart, qui, comme nous l'avons dit, commandoit un vaisseau dans l'escadre de M. de Forbin : le public éclairé pourra décider sur ces piéces.

M. le Comte de Forbin parle ainsi :
» Je me joignis au sieur du Guay. Il est hors de doute que nous aurions enlevé toute cette flotte, si nous avions agi de concert. Avant de commencer l'attaque, je voulus lui parler, pour convenir avec lui d'un arrangement de combat ; mais vif, comme il étoit, &

beaucoup plus qu'il n'auroit fallu ; quoique d'ailleurs plein de courage & de valeur, il ne voulut jamais m'attendre. Ses vaiſſeaux étant eſpalmés de nouveau, il prit les devants, &, ſans être convenu de rien, il alla aborder le Commandant, étant ſuivi d'une des frégates de ſon eſcadre pour le ſoutenir. L'Anglois fut démâté de tous ſes mâts & ſe rendit. Le ſieur de Beauharnois, Capitaine de l'eſcadre de du Guay, aborda un vaiſſeau de 76 canons qu'il ne prit point. Le ſieur de Courſerac, autre Capitaine de du Guay, en aborda un de 50 qu'il prit.

» J'arrivai dans ce tems-là, & j'abordai un autre vaiſſeau de 50 piéces de canon, qui ſe rendit après un combat aſſez opiniâtre.

» Des cinq vaiſſeaux qui eſcortoient la flotte Angloiſe, il n'en reſtoit plus qu'un qu'un qui n'eut pas été attaqué : c'étoit le plus gros de tous. Il prit la fuite ; Tourouvre le suivit. Je laissai au sieur la Monerie, Capitaine de l'escadre de du Guay, le soin d'amariner le vaisseau que je venois de prendre, &, marchant sur la trace de Tourouvre, je donnai la chasse au gros navire qui fuyoit à toutes voiles. Le Chevalier de Nangis & Bart venoient après moi.

» L'Anglois se battoit en retraite & faisoit grand feu. Son canon & sa mousqueterie incommodoient beaucoup le vaisseau de Tourouvre qui resta derriere. Bart, qui avoit gagné les devants sur moi, fut aussi fort maltraité & n'avança pas. J'étois prêts à aborder, lorsque le feu prit tout-à-coup au vaisseau ennemi, mais avec une telle violence, que je faillis à être brûlé moi-même.

Je fis tout mon possible pour m'écarter.

» Ce vaisseau, qui se battoit vaillamment, fut dans un moment tout enflammé devant, derriere & entre les ponts..... La plus grande partie de l'équipage, qui étoit fort nombreux, se jetta dans la mer, & périt dans l'eau en voulant éviter de périr dans les flammes. Le vaisseau, ayant ses sabords ouverts, fut bientôt rempli d'eau & coula à fond.

» Ma situation, dans cette occasion, fut une des plus embarrassantes où je me sois trouvé. La vivacité du sieur du Guay, qui ne lui permit pas de m'attendre pour convenir ensemble de quelque chose, & le regret que j'aurois eu de l'abandonner, sans le soutenir, *furent cause du danger que je courus, & m'engagerent à combattre, par une mer si élevée, des navires si supérieurs aux miens.*

» Si les Anglois avoient été habiles gens, ils auroient mis en déroute toute mon escadre. Du Guay n'avoit pas à courir le même risque; ses vaisseaux n'étoient pas, à beaucoup près, si inférieurs à ceux qu'il alloit attaquer, au lieu que je n'avois que des frégates de cinquante canons.....

» Suivi du Chevalier de Nangis, je naviguai si juste pendant la nuit, que, le lendemain matin, je trouvai le navire à trois ponts que du Guay avoit pris la veille. Ce vaisseau, après s'être rendu, avoit disparu, je ne sai comment. Je trouvai encore une frégate de l'escadre de du Guay qui étoit démâtée de son mât de misaine. Je fis agréer le vaisseau avec de petits mâts de hune, & je lui donnai la remorque.

Le Chevalier de Nangis la donna à la frégate, & nous revînmes heureusement à Brest.

» La flotte que nous venions d'attaquer étoit de quatre-vingt bâtimens de charge. Elle alloit en Portugal, où elle portoit des munitions de guerre, des habits & des chevaux, pour servir aux troupes que les Anglois avoient dans ce royaume. De cinq vaisseaux qui l'escortoient, il y en eut trois de pris, un de brûlé, le cinquieme se sauva avec toute la flotte *que nous aurions infailliblement enlevés, je le répéte, si M. du Guay avoit agi avec un peu plus de circonspection.*

» Dès que je fus arrivé à Brest, j'envoyai le sieur de Tourouvre porter à la Cour la nouvelle de ce qui venoit de se passer. Le Ministre en fut si content, qu'il fit à Tourouvre toutes les gracieusetés possibles, & le présenta au Roi, qui lui témoigna beaucoup de satisfaction. Enfin la saison pressant pour la retraite, je travaillai à me radouber; je me rendis à Dunkerque, d'où je partis pour la Cour ».

Voici le récit de M. du Guay-Trouin. « Après avoir resté trois jours à l'ouverture de la Manche, sans rien rencontrer, il me parut que M. de Forbin faisoit route du côté de Dunkerque, lieu de son désarmement. Il étoit déja à quatre lieues loin de moi, lorsque je remarquai qu'il changeoit sa manœuvre & sa route. Je jugeai qu'il avoit fait quelque découverte, &, courant de ce côté, j'apperçus une flotte qui me parut être de deux cens voiles, & vraisemblablement celle dont M. de Pontchartrain nous avoit avertis. Le jour commençoit alors à paroître, je crus devoir m'approcher de M. de Forbin, pour concerter ensemble la maniere d'attaquer cette flotte, & je me pressois de le joindre; mais, ayant vu qu'il avoit arboré pavillon de chasse, je mis aussi-tôt toutes mes voiles au vent, & chassai sur la flotte. La légéreté de mon escadre me fit devancer M. de Forbin d'environ une lieue, & je n'étois plus qu'à une bonne portée de canon de cette flotte, *quand il s'avisa, au grand étonnement de tous, de venir en travers & de prendre un ris* (1) *dans ses huniers, par un tems où nous aurions pu porter perroquets sur perroquets. L'esprit de subordination me fit imiter, contre mon gré, cette manœuvre qui nous fit*

(1) C'est-à-dire rapetisser ses voiles.

manquer l'entiere destruction de cette flotte importante. Elle étoit rassemblée sous le vent de cinq gros vaisseaux Anglois qui nous attendoient, rangés sur une ligne. Le vaisseau le *Cumberland*, de 82 canons, qui étoit le commandant, s'étoit placé au milieu; le *Devonshire*, de 92, étoit à la tête, & le *Royal-Oak*, de 76, à la queue; le *Chester* & le *Rubi*, de 56 à 54, étoient matelots de l'avant & de l'arriere du Cumberland....... Le Commandant fit signal aux bâtimens de transport de se sauver, comme ils pourroient, par différentes routes; *d'où il est aisé de conclure que si nous les eussions attaqués, sans nous amuser inutilement à prendre des ris, ils étoient tous indubitablement perdus, & que, par conséquent, les projets formés par les Puissances alliées contre la Mai-*

son de France, pour achever de conquérir l'Espagne, se seroient trouvés dès-lors entierement ruinés.

» Impatient de voir que M. de Forbin ne se pressoit pas d'arriver, &, réfléchissant que la journée s'avançoit, puisqu'il étoit près de midi, & que nous étions à la fin d'octobre, je fis signal à tous les vaisseaux de mon escadre de venir me parler. J'ordonnai à M. le Chevalier de Beauharnois d'aborder le Royal-Oak; à M. le Chevalier de Courserac, d'aborder le Chester; à M. de la Moinerie-Miniac, d'aborder le Rubi; &, comme je me réservois le Commandant, je donnai ordre à M. de la Jaille de me suivre, & de venir me jetter une partie de son équipage aussi-tôt qu'il me verroit accroché...... Je chargeai M. le Chevalier de Nesmond, qui commandoit la frégate l'Amazone, de donner au milieu de la flotte.

» Ces ordres donnés, j'arrivai sur les ennemis, &, faisant coucher tout mon équipage sur le pont, je donnai mon attention à bien manœuvrer. J'essuyai d'abord, sans tirer, la bordée du Chester, matelot de l'arriere du Cumberland, ensuite celle du Cumberland même qui fut des plus vives. Je feignis, dans cet instant, de vouloir plier : il donna dans le piége, &, ayant voulu arriver pour me tenir sous son feu, je revins tout-à-coup au vent, &, par ce mouvement, son beaupré se trouva engagé dans mes grands haubans, avant que de lui avoir riposté d'un seul coup de canon; ensorte que toute mon artillerie chargée à double charge, & ma mousqueterie l'enfilant de l'avant à l'arriere, ses ponts & ses gaillards furent, dans un instant, jonchés de morts. Aussi-tôt M. de la Jaille, mon fidèle compagnon d'armes, s'avança avec la Gloire, pour exécuter ce que je lui avois ordonné : mais, ne pouvant m'aborder que très-difficilement, il eut le courage d'aborder le Cumberland de long en long; rompit son beaupré sur la poupe de mon vaisseau, dans le même tems que l'ennemi rompoit le sien dans mes haubans. Alors mes gens s'efforcerent de sauter à l'abordage du Cumberland; mais très-peu y réussirent, à cause de son beaupré rompu, ce qui rendoit l'abordage aussi difficile que dangereux. MM. de la Calandre, de Blois, de Dumenaye, Officiers sur la Gloire, furent les premiers qui s'élancerent dedans, à la tête de quelques vaillans hommes. Ils tuerent & mirent en fuite ce qui restoit d'Anglois sur le pont & sur les gaillards, & se rendirent maîtres du vaisseau. Alors, voyant qu'ils me faisoient signe avec leurs mouchoirs, & que l'on baissoit pavillon Anglois, je fis cesser le feu, & j'empêchai qu'il ne sautât un plus grand nombre de mes gens à bord. Au même instant je fis pousser au large, pour me porter dans les lieux où je pourrois être de quelque utilité.

M. le Chevalier de Beauharnois, qui montoit l'*Achile*, avoit abordé avec toute l'audace possible, le *Royal-Oak*; &, ses gens s'étant présentés pour sauter à l'abordage, il étoit prêt de s'en rendre maître, lorsque le feu prit à son vaisseau. Ses ponts & ses gaillards en furent enfoncés, & plus de cent hommes y perdirent la vie. Il fit pousser au large, & fut assez heureux pour éteindre cet embrasement, après bien du travail. Pendant ce tems, le *Royal-Oak*, dont le beaupré se trouvoit rompu, avoit profité de l'occasion, & s'étoit servi de toutes ses voiles pour se sauver.

» M. le Chevalier de Courserac, qui commandoit le *Jason*, aborda aussi le *Chester*, & ses grapins s'étant rompus, les deux vaisseaux se séparerent. M. le Chevalier de Nesmond, qui le suivoit sur l'*Amazone*, voulut en profiter, & aborder à son tour ce vaisseau ; mais, n'ayant pas modéré sa course assez à tems, il le dépassa. Alors M. de Courserac revint dessus, & l'enleva à ce dernier abordage, ce qui fit prendre à M. de Nesmond le parti d'exécuter l'ordre que je lui avois donné de fondre au milieu de la flotte, & il s'empara d'un assez grand nombre de ces bâtimens de transport.

» Le *Maure*, commandé par M. de la Moinerie-Miniac, avoit, suivant sa destination, abordé le *Rubi*; &, dans le tems même qu'il y étoit accroché, *M. le Comte de Forbin vint à toutes voiles donner de son beaupré sur la poupe de cet Anglois qui se rendoit. M. de Forbin prétendit que c'étoit à lui qu'il s'étoit rendu, quoiqu'il n'eût pas jetté un seul homme à son bord. Cette prétention lui fit d'autant moins d'honneur que le témoignage des Anglois ne lui étoit pas favorable, & que ce brave Général auroit pu trouver, s'il avoit voulu, des occasions plus glorieuses d'exercer son courage.*

» Aussi-tôt que j'eus fait pousser mon vaisseau au large du *Cumberland* j'examinai, avec attention, le combat, & ma premiere pensée fut de courir ſur le *Royal-Oak* que je croyois fuir en très-mauvais état, & que j'aurois certainement enlevé d'emblée.... Cette action m'auroit peut-être fait plus d'Honneur que le combat ſanglant que je livrai au *Devonshire*. Je crois pouvoir avancer hardiment, que, dans cette occaſion, l'intérêt de ma gloire particuliere céda à un motif plus généreux. Je vis que M. le Chevalier de Tourouvre, qui commandoit le *Blak-Owal*, vaiſſeau de cinquante-quatre canons, de l'eſcadre de M. de Forbin, oſoit attaquer ce *Devonshire* qui en portoit quatre-vingt-douze, & que, ſuivi du *Salisbury*, monté par M. Bart, il s'avançoit pour l'aborder, avec une intrépidité héroïque. Je remarquai même qu'il avoit déja briſé ſon beaupré ſur la poupe de ce gros vaiſſeau, dont le feu, infiniment ſupérieur, &

l'artillerie formidable hachoient en piéces ces deux pauvres vaisseaux. Touché de cet exemple de valeur, je volai au secours de ce brave Chevalier, & je pris la résolution d'aborder de long en long le *Devonshire*. J'avois déja prolongé ma civadiere, & j'étois sur le point de l'accrocher, quand je vis sortir de sa poupe une fumée si épaisse, que la crainte de brûler avec lui me fit le battre à portée du pistolet, jusqu'à ce que j'eusse vu ce commencement d'incendie éteint. Il me seroit difficile de tracer une peinture sensible du feu terrible du canon & de la mousqueterie que j'en essuyai pendant trois quarts d'heure, attendant toujours que la fumée de sa poupe fût un peu ralentie pour l'aborder. Il me mit, dans cette attente, plus de trois cens hommes hors de combat. Enfin, désespéré de voir périr tous mes gens, l'un après l'autre, je résolus, à tout événement, de l'accrocher, & fis pousser mon gouvernail à bord. Déja nos vergues commençoient à se croiser, lorsque M. Burgnon, l'un de mes Lieutenans, qui commandoit la mousqueterie & la manœuvre, vint précipitamment me faire remarquer le feu qui s'étoit fomenté dans la poupe du *Devonshire* se communiquoit à ses haubans & à ses voiles de l'arriere. Frappé d'un danger si pressant, je fis à l'instant changer la barre de mon gouvernail, & appareiller tout ce qui me restoit de voiles, détachant des Officiers pour aller, sur le bout des vergues, couper avec des haches mes manœuvres qui étoient embarrassées avec celles de l'ennemi. A peine m'en étois-je éloigné de la portée du pistolet, que le feu se communiqua de l'arriere à l'avant de ce gros vaisseau, avec tant de violence, qu'il fut consumé en moins d'un quart-d'heure; tout son équipage périt au milieu des flammes & des eaux, à l'exception de trois de ses matelots qui se trouverent, après l'affaire, à bord de mon vaisseau, où ils étoient passés de vergues en vergues, lorsqu'ils s'apperçurent du motif qui qui me faisoit abandonner mon abordage avec tant de précipitation. Ils m'assurerent qu'il y avoit plus de mille hommes dans ce vaisseau, qui, outre son équipage, portoit plus de trois cens Officiers, ou soldats passagers.

» Après ce sanglant combat, mon vaisseau resta tellement délabré, que je fus deux jours entiers, sans pouvoir remuer. Le corps du vaisseau, les mâts, les manœuvres, tout étoit haché. Le gouvernail étoit de même par deux balles barrées de trente-ſix livres. Je demeurai dans cette perplexité, ne ſachant ce que les autres vaiſſeaux étoient devenus. Chacun d'eux avoit pris le parti de ſe rallier, ou de pourſuivre les débris de la flotte. Je ſavois ſeulement que le *Royal-Oak* s'étoit ſauvé, *ayant bien remarqué que M. de Forbin n'avoit pas jugé cette conquête digne de ſon attention.* J'avoue que ſi j'euſſe été capable de me repentir d'une bonne action, & ſi je n'avois pas eu préſente l'utilité qui devoit en revenir au Roi d'Eſpagne, j'aurois eu quelque regret de laiſſer échapper un ſi beau vaiſſeau qui étoit, pour ainſi dire, en mes mains, & d'avoir été me fair ehacher en piéces, pour avoir la douleur de voir périr mille infortunés d'un genre de mort ſi affreux...

» Tous les vaisseaux de mon escadre & de celle de M. de Forbin arriverent, deux jours avant moi, dans la rade de Brest avec le *Cumberland*, le *Chester* & le *Ruby*. Le *Cumberland* étoit mené à la remorque, en triomphe par M. de Forbin, *de la même maniere que s'il en avoit été le vainqueur* ».

Voici comment M. Bart annonce cette action dans ses mémoires, qui, comme nous l'avons déja dit, nous ont été communiqués par son fils qui étoit petit-fils du célebre Jean-Bart. « M. du Guay-Trouin, qui alloit commencer sa campagne, sortit, en même-tems que nous, de la rade de Dunkerque, avec six vaisseaux qu'il commandoit. Le vent étant contraire, nous restâmes à croiser ensemble à l'ouverture de la Manche, &, quelques jours après, nous fîmes la découverte d'une flotte Angloiſe de plus de 80 voiles. Elle étoit eſcortée d'un vaiſſeau de 90 canons, d'un de 80, d'un de 76, & de deux autres de 50 à 56. M. du Guay, ſans attendre M. de Forbin *qui ne faiſoit pas la manœuvre convenable pour le joindre*, entama l'affaire avec ſon eſcadre. Cependant, un vaiſſeau ennemi s'étant détaché, & ayant mis toutes ſes voiles dehors, pour éviter nos deux eſcadres, M. de Tourouvre, qui montoit le *Blak-Owal* de 50 canons, & moi, qui commandois alors le *Saliſbury*, de pareille force, nous trouvant tous deux le plus à portée de lui, nous prîmes le parti de forcer de voiles auſſi pour le joindre, à quoi nous parvînmes, au bout de deux heures, & nous reconnûmes alors qu'il étoit de 90 canons, par conſéquent extrêmement fort pour nous. Nous convînmes cependant ensemble de l'aborder; mais, nous étant mis en devoir de le faire, l'ennemi, qui cherchoit à nous en empêcher, manoeuvra si bien, que nous ne pûmes y réussir. Son objet étoit de nous faire faire un mauvais abordage, ce que nous voulions éviter; de sorte que, pendant plus de trois heures, nous ne fîmes que nous battre de poupe à proue. M. du Guay, voyant que la partie n'étoit pas égale, & le danger où nous étions, vint à notre secours, & se mit en travers de l'ennemi, à la petite demi-portée de canon. Le feu fut fort vif de part & d'autre pendant plus de deux heures que nous fîmes ce qui pouvoit dépendre de nous pour le réduire. Enfin M. de Tourouvre, voulant l'aborder, eut son beaupré emporté, & conséquemment fut contraint de lâcher prise. Comme je m'appercevois que le feu de l'ennemi se ralentissoit, je tentai un nouvel abordage; mais, heureusement pour moi, au moment que j'allois le prolonger, je vis que le feu y étoit: cependant il ne discontinuoit pas ses décharges de mousqueterie & de canon qui nous mirent beaucoup de monde hors de combat. Comme il avoit, de tems en tems, de faux feux, l'idée me vint que c'en pouvoit être encore un de cette espece, c'est ce qui m'engagea à rester vergue à vergue, pour l'aborder, au cas que le feu s'éteignît: mais quelle fut ma surprise de le voir, dans l'instant, tout en flammes, depuis l'avant jusqu'à l'arriere. Je ne tardai pas alors à m'en éloigner, dans la crainte où j'étois qu'il ne sautât en l'air: mais mon étonnement redoubla de le voir couler à fond deux minutes après. Jamais il ne s'offrit un ſpectacle plus affreux. Il fut d'autant plus touchant, qu'il n'y eut pas moyen de ſauver un ſeul homme de plus de 1200 qu'ils étoient, tant en équipage qu'en troupes réglées deſtinées à paſſer en Portugal. Ce vaiſſeau ſe nommoit le *Devonshire*. Après cet événement, les deux eſcadres s'étant ralliées, firent route pour Breſt ».

M. de Forbin ſe rendit à la Cour; il y fut reçu avec beaucoup d'accueil de la part du Miniſtre qui le préſenta au Roi. Sa Majeſté lui dit des choſes fort obligeantes.

Pendant qu'il étoit à Verſailles, on l'avertit que le Marquis de Vilette, Lieutenant Général, & Commandeur de l'Ordre de Saint-Louis, venoit de mourir. Il employa ses amis, fit valoir ses services pour obtenir une des places que M. de Vilette laissoit vacantes ; mais toutes ses démarches furent inutiles : on fit Lieutenans Généraux M. le Marquis d'O & M. Ducas ; on donna la Commanderie de Saint-Louis à M. le Marquis de Langeron, Lieutenant Général de la Marine.

Huit jours après la promotion, le Ministre envoya chercher M. le Comte de Forbin ; lui dit que le Roi donnoit six mille hommes au Roi d'Angleterre, Jacques III, pour l'accompagner en Ecosse, où un parti très-considérable de ses sujets, bien intentionnés, n'attendoient qu'une descente pour se déclarer. Il ajouta : « Sa Majesté vous a choisi pour conduire ce Prince avec les troupes qu'on lui donne. Il faut que

vous

vous partiez incessamment pour Dunkerque, afin de préparer tous les bâtimens nécessaires pour le transport. Voilà un moyen d'arriver au grade de Lieutenant Général que vous desirez». On décida à la Cour qu'on armeroit quinze flûtes; qu'on mettroit trois cens hommes dans chacune; qu'on y joindroit cinq vaisseaux de guerre qui porteroient encore trois cens hommes chacun; de cette maniere on trouvoit les vingt vaisseaux suffisans pour transporter les six mille hommes. Lorsque le Ministre fit part au Comte de Forbin de cet arrangement, le Comte lui dit qu'il ne valoit rien, & qu'il en pouvoit résulter une multitude d'inconvéniens. «Dunkerque, lui dit-il, étant situé entre la Hollande & l'Angleterre, les ennemis seront à portée d'être sur nous à chaque inſtant. D'ailleurs les flûtes ſont très-peſantes, & peu propres pour une expédition qui doit ſe faire promptement, ſans donner aux ennemis le tems de ſe reconnoître. Comment donc faire, repliqua le Miniſtre? Il faut prendre tous les meilleurs corſaires qu'on trouvera à Dunkerque, reprit M. de Forbin, & les armer. Il eſt vrai qu'ils ne porteront pas autant de ſoldats que les flûtes; mais le nombre y ſuppléera ». Le Miniſtre goûta ſes raiſons, & lui dit de faire ſes préparatifs comme il l'entendoit. Le Comte alla, la veille de ſon départ, prendre congé du Roi. Sa Majeſté lui dit: « M. le Comte, vous ſentez l'importance de votre commiſſion, j'eſpere » que vous vous en acquitterez d'une » maniere digne de vous ».

Etant arrivé à Dunkerque, il travailla à l'armement de trente vaisseaux corsaires & de cinq vaisseaux de guerre. Tout fut bientôt prêt, mais on fut obligé d'attendre les soldats & les matelots que l'on vouloit embarquer. Les soldats arriverent les premiers. Le Comte de Forbin, étant informé qu'ils étoient *à Saint Omer*, éloigné seulement d'une journée de Dunkerque, sentit que s'ils arrivoient dans la derniere ville, les ennemis ne manqueroient pas de pénétrer le projet de la Cour, & de chercher les moyens de le faire échouer. Ses craintes étoient d'autant mieux fondées, que l'on commençoit à tirer des conjectures en voyant passer à Dunkerque ce qu'il y avoit d'Anglois & d'Irlandois dans le Royaume, il alla, avec l'Intendant du port & celui de l'embarquement, chez M. le Comte de Gacé, depuis

Maréchal de France, sous le nom de Maréchal de Matignon, qui devoit commander les troupes; lui représenta qu'il y auroit beaucoup d'inconvénient à faire venir les six mille soldats avant que tout fut prêt pour le départ. M. de Gacé goûta ses raisons & donna ordre qu'on retînt les soldats à Saint-Omer. Peu de jours après, les matelots arriverent, on mit les vaisseaux en rade, & on embarqua les soldats & les Matelots.

Le Roi d'Angleterre arriva deux jours après; mais il tomba malade & eut la fievre pendant deux jours. Ce retard donna le tems aux ennemis de préparer des forces capables d'arrêter l'armement de Dunkerque. Trente-huit vaisseaux de guerre Anglois vinrent mouiller à Gravelines, qui n'est qu'à dix lieues de Dunkerque. Le Comte de Forbin alla les reconnoître lui-même, &, après avoir vérifié que c'étoient des vaisseaux de guerre, il manda à la Cour qu'il n'étoit plus possible de mettre à la voile; qu'il croyoit que la prudence demandoit qu'on désarmât & qu'on renvoyât le projet de descente en Ecosse à un tems plus favorable: mais il reçut des ordres précis de se conformer aux volontés du Roi d'Angletere.

Ce Prince, excité par les discours de ceux qui avoient des intérêts particuliers de partir, dit au Comte de Forbin qu'il falloit mettre promptement à la voile; le Comte fut obligé de lui obéir, & la flotte partit au commencement de Juin 1708. Elle essuya d'abord une tempête violente; mais le tems devint favorable, & le troisieme jour elle arriva sur les côtes d'Ecosse,

Elle mouilla, à l'entrée de la nuit, devant la riviere d'Edimbourg, environ à trois lieues de terre. Le Comte de Forbin fit faire des signaux; allumer des feux; tirer des coups de canon, personne ne parut. Sur le minuit, on entendit cinq coups de canon du côté du Sud: le Comte se douta que c'étoit un signal des ennemis pour se rallier. Il ne se trompoit pas: dès le point du jour on découvrit une flotte Angloise qui étoit mouillée à quatre lieues. M. de Forbin fit mettre promptement à la voile & avança sur les ennemis, comme s'il avoit voulu les attaquer. Ils étoient sous voiles: la manœuvre des François les engagea à se ranger en bataille; c'étoit ce que le Comte de Forbin demandoit, parce qu'ils perdoient, par-là, beaucoup de tems. Il fit alors signal pour que l'armée fit force de voiles, afin de le suivre ; changea tout-à-coup de route, & prit la fuite. En peu de tems il fut fort éloigné des Anglois : ils le poursuivirent cependant quelque tems, mais ils ne purent le joindre.

Lorsque la flotte Françoise fut hors de la vue des ennemis, le Roi assembla un grand Conseil de guerre : on y décida qu'ayant été découverts par les ennemis qui ne manqueroient pas de suivre la flotte ; que n'ayant aucun port en Ecosse où l'on pût se retirer, il falloit nécessairement regagner la France. Ainsi la flotte fit route pour Dunkerque, où elle arriva trois semaines après en être partie.

Le projet de la descente en Ecosse ayant ainsi manqué, le Comte de Forbin se prépara à faire un nouvel armement pour continuer ses courses comme les campagnes précédentes ;

mais un événement dont les ſuites furent fâcheuſes pour lui, l'empêcha de ſuivre ſon projet, fut même cauſe qu'il quitta le ſervice. Louis XIV fut très mécontent, lorſqu'il vit que les ſommes conſidérables qu'on avoit employées pour équipper la flotte qui devoit conduire Jacques III en Ecoſſe, étoient perdues, & s'en plaignit. M. de Pontchartrain, Miniſtre de la Marine, & M. de Chamillard, Miniſtre de la Guerre, étoient brouillés. Ils eurent devant le Roi de grandes diſcuſſions au ſujet de l'expédition d'Ecoſſe, & s'attribuoient réciproquement le défaut du ſuccès. M. de Chamillard diſoit que les Matelots n'avoient pas été prêts auſſi promptement qu'ils auroient dû l'être; M. de Pontchartrain repliquoit que les ſoldats qu'on devoit embarquer n'étoient pas arrivés aſſez à tems. M. de Chamillard ajoutoit qu'il étoit vrai que les soldats de l'embarquement étoient arrivés avant les matelots, puisque le Comte de Forbin & les Intendans du port & de l'embarquement étoient allés chez M. le Comte de Gacé, pour lui représenter que si les soldats venoient à Dunkerque, avant qu'on fût en état de les embarquer, les ennemis, déjà inquiets sur l'armement de trente vaisseaux, ne manqueroient pas de prendre des mesures pour faire échouer l'entreprise de la Cour. M. de Pontchartrain nioit ce fait, & assuroit que le projet avoit manqué seulement parce que les soldats étoient restés à Saint-Omer. M. de Chamillard écrivit au Comte de Gacé, depuis peu Maréchal de France, sous le nom de Maréchal de Matignon, le pria de demander au Comte de Forbin, & aux deux

Intendans, un certificat qui prouvât qu'ils avoient eux-mêmes engagé le Maréchal à faire rester les soldats à Saint-Omer, pour y attendre que les matelots fussent arrivés. M. de Pontchartrain manda à M. de Forbin & aux Intendans, de ne pas donner le certificat. Lorsque M. le Maréchal de Matignon le demanda, le Comte de Forbin & les Intendans, sentirent combien il étoit intéressant pour eux de ne pas le donner : ils le refuserent pendant quelque tems ; mais enfin ils le donnerent.

Cette conduite imprudente, de la part du Comte de Forbin, acheva d'indisposer le Ministre contre lui : il lui fit essuyer plusieurs désagrémens, & le Comte demanda sa retraite : il l'obtint en 1710, avec une pension de sept mille livres, se retira dans une maison de campagne qu'il avoit aux environs de Marseille. Il étoit alors âgé de 56 ans, & en avoit passé 40 au service du Roi. La vie tranquille qu'il y menoit lui devint si agréable, qu'il parvint à un âge fort avancé. Il mourut sans s'être marié.

Le Comte de Forbin tient un rang distingué parmi les Officiers de la Marine Françoise. Il entendoit très-bien la manœuvre, étoit hardi, entreprenant, & avoit un courage à toute épreuve; mais sa présomption étoit extrême. Il se croyoit supérieur à tous les Marins de son tems. On voit qu'il cherche à rabaisser, dans ses mémoires, tous ceux qui servoient avec lui; qu'il s'attribue à lui seul la victoire dans des combats où il ne s'étoit même pas présenté : du Guay-Trouin & M. Bart lui en font un reproche, comme on l'a vu ci-dessus. S'il tint avec M. de Pontchartrain une conduite telle qu'il l'annonce dans ses mémoires, il s'attira lui-même les désagrémens qu'il essuya. Ce Ministre le trouvoit toujours d'un sentiment opposé au sien. Il sembloit qu'il vouloit lui dicter des loix, & qu'il savoit mieux ce que la Cour devoit faire que la Cour même.

FIN.

APPROBATION.

J'AI lu, par ordre de Monseigneur le Garde des Sceaux, *la Vie du Comte de Forbin*, & je crois qu'on peut en permettre l'impression. A Paris, ce 25 nov. 1784.

Signé GUYOT.

De l'Impr. de P. G. SIMON & N. H. NYON, Imprimeurs. 1784.

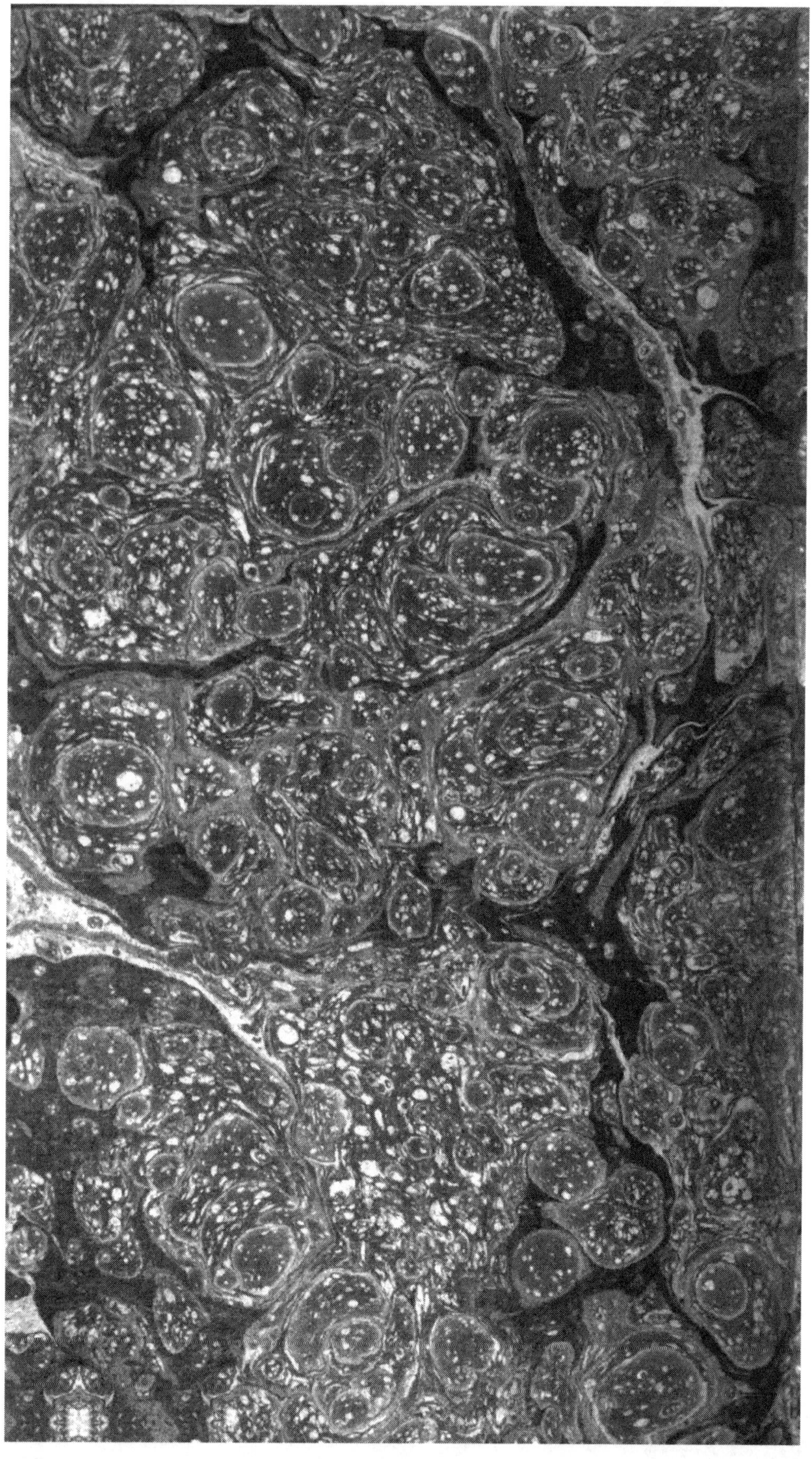

www.ingramcontent.com/pod-product-compliance
Lightning Source LLC
LaVergne TN
LVHW061942220826
846091LV00011B/4065

* 9 7 8 1 2 4 9 4 9 3 2 5 9 *